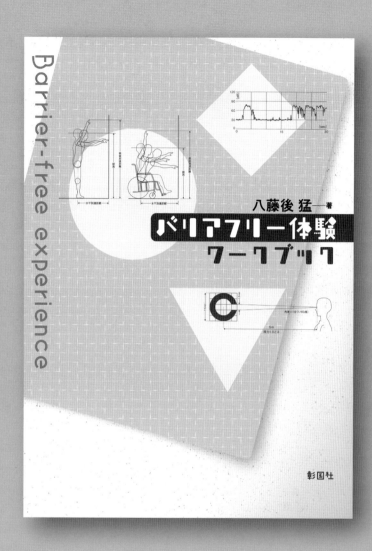

八藤後 猛——著

# バリアフリー体験
## ワークブック

彰国社

［ブックデザイン］
新保韻香

## 〈はじめに〉

## バリアフリーを生み出す「環境」を知るために…

かつての障害観においては、「障害」は本人に内在するものであり、障害者はそうした特性をもつ人々であると考えられていました。社会では、「障害」は、本人から取り除き、軽減すべきものという考えのもと、福祉施策やリハビリテーションが行われていました。そうした中、障害者は保護されるべき対象と考えられ、結果的に社会から隔絶された大規模収容施設が多くつくられたという経緯があります。

しかし、1950年代後半、北欧に端を発したノーマライゼーション[注1]思想の発展とともに、それ以降の障害観は、「障害」は本人がもつものではなく、社会に存在する「障害（バリア）」が、人々が暮らしていくうえでの「障害」をもたらしているとの考えのもと、社会の中のバリアを除去していくという方向に福祉施策も転換していきました。こうしたことを「バリアフリー[注2]」といいます。

◉

例をあげると、車いす使用者は立って歩くことはできませんが、みんなといっしょに話をし、授業を受け、買い物をすることができます。ところが、みんなでまちを歩いているところに、数cmの段差が出現したらどうなるでしょうか。その瞬間、車いす使用者はみんなといっしょに行動できなくなってしまいます。車いす使用者は、移動が不自由になるとともに周囲の人々から引き離され、そして自らは、「障害者」という立場に置かれてしまうのです。もしこうした段差をなくしたり、スロープにしたりすれば、障害を意識する必要はありません。つまり、環境が障害者を生み出しているのです。こうした障害観に立てば、人々の偏見や不利な扱い、まちや建築物、公共交通機関の使いにくさ、わかりにくさ、危険性すべてが多くの人々を「障害者」にしていることがわかります。

障害をもたらす広義の「環境によりもたらされる障害」のうち、本書では主に日常生活に不便や危険をもたらす環境をどのように除去し、さらには快適なものにしていく方法を取り上げます。

◉

本書は、障害者を生み出さない環境をつくり出すバリアフリーを実現するために必要な幅、高さ、見やすくわかりやすい文字、色、構成、聞き取りやすい音環境といった内容について、自ら体得し、その数値を導き出し、現在のバリアフリー環境の問題点などを自ら発見し、さらによいものへと発展させるための思考力を身につけることができることを願って、まとめたものです。

医療、福祉、看護系にかかわる人へは環境改善を考えたうえで、それを前提としたプログラムの設計、建築、交通、まちづくりそして機械工学や電気工学、情報工学等の工学系にかかわる人においては、バリアのない環境そのものをつくり出していく設計に役立つものと思います。

高価な実験器具がなくても、バリアフリーについての実験を通し、バリアフリーに関する根拠を確認し、さらによりよいものにするための検討・工夫を行える力をつけていただけたらと、筆者は強く願っています。

はじめに

003

注1）ノーマライゼーション……デンマークのバンク・ミケルセンにより、1950年代後半に提唱された。「ノーマライゼーションを難しく考える必要はない。自分が障害者になったらどうしてほしいかを考えればすぐにこたえはでる」という、平等思想をわかりやすい内容で伝え、その後福祉先進国となったスウェーデンにおける障害者政策の基本理念となった。

注2）バリアフリー……1950年代後半に提唱された、ハード、ソフトすべてに関する障害除去のことである。その後ユニバーサルデザインという用語と対比され、バリアフリーは狭い意味の障害除去といわれることが多くなったが、本書ではこれらを同じ意味と見なしている。本書の内容は、狭い意味に捉えられても差し支えないので、表記はすべて「バリアフリー」に統一した。

第 II 章……視覚・視力と環境……障害による見え方の違いを体験する

# 第Ⅲ章……聴覚・聴力と環境……音の聞こえ方の違いと騒音を体験する

# 運動・移動と環境

「車いす」から歩行環境を考える

## 〈本章で学ぶこと〉

### 歩行時の移動に関する計測意義

●

バリアフリーは、1950年代後半から広まった用語ですが、障害者の利用を考慮した
建築物であることを示す、国際シンボルマーク（通称：車いすマーク）とともに広まった
経緯があり、車いす使用者のためだけの配慮と誤解されてきました[注)]。

●

また、スロープ設置など車いす使用者のためだけの配慮をしておけば、
だれもが利用できるようになる、というもう一つの誤解を生んでしまいました。
本章では、車いす使用者を中心にしますが、歩行に不便を感じている
すべての高齢者や障害者、さらに子どもや妊婦にも対象を広げています。
歩行困難な人は、車いす使用者とは別の不便や危険があることを
知ることを目的としています。

●

環境条件や利用者が違えば、移動に必要な幅などの
寸法、高さ、角度も違ってくることを、実際に計測し
どの程度の数値とするのが妥当か、従来の設計標準にある数値は
どのような環境や人々を想定しているのかを探ります。

●

そのうえで、自分たちが考える人々の移動や生活に必要な設計要件などを理解します。

注……「障害者のための国際シンボルマーク」は、
「障害をもつ人々が利用できる建築物や施設」であることを示す世界共通のマークとして
国際リハビリテーション協会が制定し、わが国では日本障害者リハビリテーション協会が
管理している。また、対象者はすべての人々となっている。

# 車いすのイメージを
# スケッチしてみる

〈課題〉

実物を見ないで、自走式車いす（乗っている人が自分で操作して走行させるもの）をスケッチしてみよう。

とくに、いす座面、前輪（キャスタ）、後輪などの大きさや位置を、できるだけ再現してみよう。

日ごろ、見る機会がない人は、車いすについてどのようなイメージをもっているか、どのような機構になっていると認識しているかを確認してほしい。車いすを見たり、利用者に接する機会の多い人は、車いすをどれくらい正しく認識しているのか確認してほしい。

スウェーデン・ストックホルム市庁舎にて

〈用意するもの〉
・A4判くらいの大きさのスケッチブック、もしくは普通の用紙
・鉛筆、ペンなど使いやすいもの（定規、コンパスなどは使いません）
〈描き方〉
・製図のような描き方、スケッチ風、アニメーション風のタッチなど、どのような描き方でもかまいません。
・平面的に描いても、立体的に描いても描きやすい方法で描いてください。

# WORK 1

## 解説
### どう描くかをパタンから見る

　ここにあげた図は、実習で学生が描いた図を、比較しやすいように筆者がペンで描き写してみたものである。さまざまなパタンが出現する。あなたが描いたものと似たものがあるだろうか。どこかおかしいと感じるものがあるか。また、自分の描いたものを含め、どこがおかしいのかを考えてみよう。

　立体的に描く人もいるだろう。だが、車輪のかたちや位置を正確に表現するのは難しいはずだ。点線で表した直線は、後輪の車軸を推定するために筆者が描き加えたものだ。とくに車輪の位置は、こうした図法に慣れていないと、意図した位置にうまく描けないことが多い。

　立体的に表現した描いた人は、車輪の位置関係は認識していたとおりに図が描けたか、見直しておきたい。

〈描かれた車いすの代表的なパタン〉

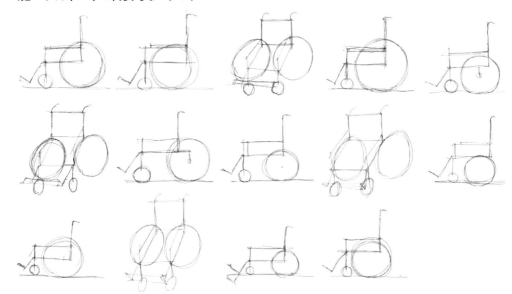

〈立体的に描かれた代表例★〉

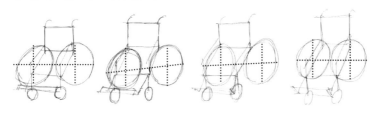

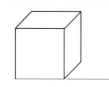

直方体の表現　斜投影図法

★…このような立体的なスケッチを描いた人は、左図のような立体表現の手法を知識として知っている人たちである。

# 1 ── 車いすの種類と各部名称を知る

　ドの図は、自走用標準形車いすの各部名称とそのはたらきを示したもの。特徴としては、後輪に大きな駆動輪があることで、そのハンドリムを操って移動する。

　寸法は、JISによって定められている。また、最近では、電動式車いすを使用する人が増えている。

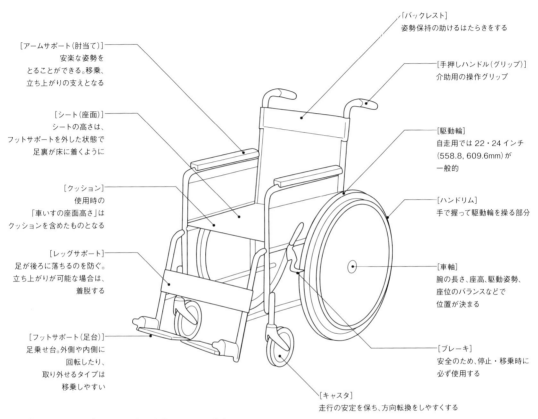

[アームサポート（肘当て）]
安楽な姿勢を
とることができる。移乗、
立ち上がりの支えとなる

[シート（座面）]
シートの高さは、
フットサポートを外した状態で
足裏が床に着くように

[クッション]
使用時の
「車いすの座面高さ」は
クッションを含めたものとなる

[レッグサポート]
足が後ろに落ちるのを防ぐ。
立ち上がりが可能な場合は、
着脱する

[フットサポート（足台）]
足乗せ台。外側や内側に
回転したり、
取り外せるタイプは
移乗しやすい

[バックレスト]
姿勢保持の助けのはたらきをする

[手押しハンドル（グリップ）]
介助用の操作グリップ

[駆動輪]
自走用では 22・24 インチ
（558.8、609.6mm）が
一般的

[ハンドリム]
手で握って駆動輪を操る部分

[車軸]
腕の長さ、座高、駆動姿勢、
座位のバランスなどで
位置が決まる

[ブレーキ]
安全のため、停止・移乗時に
必ず使用する

[キャスタ]
走行の安定を保ち、方向転換をしやすくする

［図1］**自走用標準形車いす**　各部の名称とそのはたらき
JIS（日本産業規格）による（2019年、工業化標準化法の改正にともない、「日本工業規格（JIS）」は「日本産業規格（JIS）」に変わった）。
JISでは、「車椅子」と表記されるが、本書では、以下、一般に用いられる「車いす」を用いる。

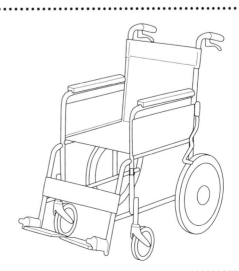

［図2］**介助用標準形車いす**
JIS（日本産業規格）による。
後輪の大きさ、構造が大きく異なる

# 2 — 車いすのスケッチからわかること

　スケッチした車いすをどれだけ正確に表現できただろうか。

　ふだん車いすを身近に見ていたりしていても、想像だけで描くと次のような間違いやあいまいさがみられます。自分で描いたものがもし実際に存在したら、どのような不都合が起こるのかを考えてみるとよいだろう。

**〈前輪のキャスタが著しく小さい場合〉**

→段差が越えられない、越えにくい。前輪の半径よりも大きな段差は、どんなに強い力でハンドリムを回して推進しても、越えられません。また介助者に後ろから強い力で押してもらっても越えられません。図を見るとわかるように、段差が大きくなると、急激に越えにくくなり、ついに半径と同じ高さになると、絶対に越えられなくなります(図2)。後述の実験で確認してみるとよいだろう。

**〈前輪と後輪の大きさが同じ、もしくは差がない〉**
**〈後輪の直径が小さい〉**

→自走用なら、車いすに乗っている利用者はどのようにして自力で前進するだろうか。

→自走用なら、車いすに乗っている利用者はカーブのあるところでは、どのようにして曲がるだろうか。

このような介助用車いすは実際には存在しています。しかし、利用者が自らこぎ出すことはできません。そのためには、自走用車いすは後輪が大きく、乗っている人が直接後輪を回せなければなりません。

**〈ハンドリムがない〉**

→自走用なら、車いすに乗っている利用者はどこを把持して、どのようにして自力で前進するだろうか。

　ハンドリムがないと、把持するところがないので、直接タイヤをつかんで漕ぎ出さなくてはなりません。しかし、現実には室内使用に限定して、ハンドリムのないものを使用している人がいます。いったい、それはなぜだろうか。その理由を2つ考えてみよう。

**理由その1**…廊下や室内が狭く、どのようにしても通行や取り回し(移動したり転回したり)ができないときに、両側のハンドリ

［図1］自走式車いすの例

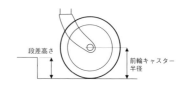

［図2］前輪キャスタ半径と段差高さの関係

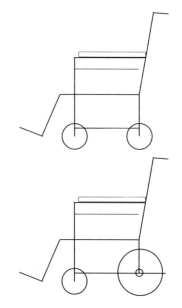

［図3］前輪と後輪のバランスが悪い

ムを外すと、座面の幅を変えなくても50〜80mmも横幅が小さくなります。これから行う実験でわかるように、数mmの差によって、通れたり通れないことが起こるのです。

**理由その2**…脊椎の上位にあたる首のあたりの「頸椎」を損傷したりすると、手にも運動麻痺が出現します。それでも頸椎の下の部分の損傷であれば、上肢の筋力維持という観点からも、室内では自走用の車いすを使用する人は多くいます。その場合、ハンドリムを把持して推進することは困難なことから、手袋をはめて手とタイヤとの摩擦で直接後輪を回して推進することがあります。

〈**後輪の取付け位置が、実際より前方にある**〉
→実際は、座面の後端もしくはそれよりさらに後方に位置しますが、図のように座面の中央付近まで前方に描かれることが多くの人に見られます。
このような車いすでは、どのような不都合があるのか。このままでは、人が乗っていないときは自立していても、人が乗ると確実に上肢や体幹は後輪の中心よりも後方に位置し、重心位置が極端に後方に移動するため後方に転倒することとなります。

　それ以外にも、次のような不正確さがあった場合、このような車いすではどのようなことが起こるのかを考えてみよう。
〈**アームサポート**（肘当て）**がない**〉
→身体（体幹や上肢）が直接後輪に接触します。
〈**フットサポートの位置**（水平位置、高さ）**が著しく異なる**〉
→フットサポート高は、段差越えにおいても重要な要素となります。この高さよりも段差のほうが大きければ、それより大きな段差を越えることは絶対にできません。室内用で、あまり段差がないところで使用する車いすでは、フットサポート高を低くすることによって、相対的に座面高を低くすることができるため、乗り移り（移乗）のしやすさを優先するものもあります。
　段差の多い、外出時に使用する車いすはこの部分の高さを高く設定していることがあります。

**注）あなたはどのパタン？**
筆者の経験では、学習者たちのスケッチには、いくつかのパタンが見られる。日ごろから車いすをよく見る機会のない多くの人たちが描くスケッチは、この図に示す内容になりやすい。とはいっても、日常的に車いすを実習や実務で使用する人も、意外と正確に描けないものだ。あなたが描いたのは、どのパタンにもっとも近いだろうか。他の人が描いたものは、どのパタンだったか。そして実際の車いすは、この図のどれにもっとも近かったか。

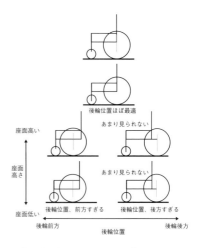

［図4］**後輪の大きさは、ほぼ適切なパタン**

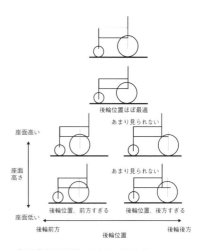

［図5］**後輪後輪の大きさが小さく、介助用車いすのようなパタン**

**〈手押しハンドル（グリップ）がない。位置が低い、高い〉**
**〈ティッピングレバーがない〉**

→車いす使用者の車いすを押したり、介助した経験がある人以外は、描き忘れることが多いのではないでしょうか。とくに大きな段差を越えるときに、ティッピングレバーを介助者が片足で踏み込むことによって、キャスタをいくぶんもち上げることができ、容易に大きな段差を越えることができます。ティッピングレバーがないと、キャスタをもち上げるためには、手押しハンドル（グリップ）部分を大きな力で押し下げる必要があり、介助者にかなり大きな力を出せる必要があります。また、不慣れな介助者が行うと、ハンドルを下方に押し下げた途端に、キャスタがもち上がると同時に、車いす自体が大きく前進し、その結果後方へ転倒する事故が起こりやすくなります。

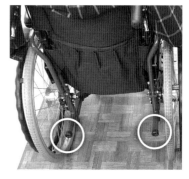

［図6］ティッピングレバーを見る（○の部分）

---

**〈コラム〉**
# 頸髄損傷について

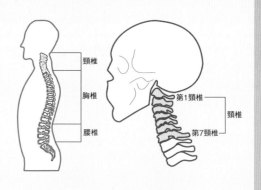

●身体の上肢・下肢の麻痺の程度は損傷した脊髄の部位と大きくかかわっている。

●背骨といわれる部分を「脊椎」という。脊椎には、それぞれ頸椎（7）、胸椎（12）、腰椎（7）、仙椎（1）がある。カッコ内はその個数を表す。脊椎には、脳からの中枢神経である脊髄が中を通っている。事故で脊椎を損傷したり、病気で脊椎が侵されたりすると、脊椎が損傷した状態になる。このような場合には、おおむね損傷した部位から下に運動麻痺や感覚麻痺が起こる。多くの場合、生活には車いすが必要になる。とくに上部（首の部分）の頸椎の中にある頸髄が損傷を受けると、上肢障害を伴うこ

とが多く、上下肢とも麻痺が起こる。

●脊髄や頸髄には番号が付けられているが、脊髄と頸髄の番号は、下のほうにいくほどずれてくる。よって、必ずしも一致していない。また、このずれは頸椎の7つあるが、その中の頸髄は8まで数えらえれることにもよる。

●頸髄を略して「C」、胸髄を「Th」といい、損傷部位を表す場合、頸髄の7番目であれば、$C_7$のように表すことがある。

# WORK 2

車いすに乗ってみる、
押してみる

〈課題〉

実際に車いすに人を乗せて走行させてみよう。

自分が乗って走行させてもらおう。

実際に走行させてみたら、そして乗ってみたら

どのように感じましたか。

感じたことをなんでも

書いてください。

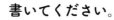

実習のようす。
室内で、外で、場所を変えてみてもいい。
車いすに座って、
そこから見える世界に気をつけてもいい。

## WORK 2

## 解説
### 車いすに乗って、押してわかること

後方介助のときは、買い物カート、ベビーカー、荷物運搬用台車などを
扱ったことがある人は、その場合と比較して書いてみるとよい。

**自走用標準形**

〈自分が乗って自力で走行してみる〉

　ハンドリムによる操作による推進力が、意外に少なくてすんだ、反対に意外と大きな力が必要だったと、感じ方は個人差がある。実施グループによってこうした違いが出てきた場合、その理由がなにかを考えてみる。

・**利用者の身長**（手の長さ）
・**座った位置**（深く座ったか、浅く座ったか）
・**こぎ出したときの姿勢**
　（上体が振れていたか、前傾姿勢か、後傾姿勢か）
・**タイヤの空気圧**
　（外から見て、どれくらいタイヤが沈んでいるか）
・**床仕上げの違い**
　（どのような床なら推進しやすいか）

　曲がった通路を、思い通りに曲がれたかも個人差があると考える。大回りしないと曲がれなかったり、コンパクトな範囲で曲がることができたり、実施グループや個人によってこうした違いがでてきた場合は、その理由がなにかを考えてみる。

・カーブにおいて、左右のハンドリムを
　どのように操作したか
・直角に曲がるときには、左右の
　ハンドリムをどのように操作したか

〈人を乗せて自分が押してみる〉

　人を乗せた重さにおいて容易に押し出せ

たか。曲がった通路を、思い通りに曲がれたか。押した人によって感じ方が違った場合、どのような押し方をしたのか、なぜそのように感じたのかを考えてみる。

・**押した人の身長**
・**押した場所の床仕上げ**
・**曲がるときの、手押しハンドルへの左右の
　力の入れ方、そのときの介助者の手の位置**
　（ハンドルを握っていたのか、それ以外の方法で
　ハンドルに触れていたのか、ハンドル以外の場所を
　もっていたのか）

**介助用標準形**

　自走用標準形と比較して、介助者は扱いやすかったか、扱いにくかったか、それとも変わらなかったか。それらの違いを感じた場合、その理由はなにかを考えてみる。二種類の車いすの違いは後輪の大きさだけである。この違いが扱いやすさにどのような影響を与えたかを考えてみる。

・扱った場所の床仕上げの違いが、二種類の
　車いすの扱いやすさに違いに差が出たか
・直線走行、曲がるときの扱いやすさに
　それぞれ差はあったか
・乗っている人（介助を受けている人）から見て、
　違いは感じられたか、なぜそのように
　感じたのかを考えてみる。

# 3── 車いすを図面化する目的とそのプロセス

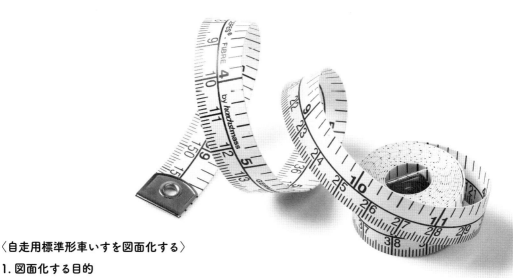

〈自走用標準形車いすを図面化する〉

## 1. 図面化する目的

　車いすの大きさは、カタログや取扱説明書の図面を見れば
わかると思うかもしれません。それでも、車いすをはかって、
図面化するのはなぜなのでしょうか。それは、その大きさを体
得する（自分の身体でおぼえる、感覚をつかむ）という目的があるからで
す。これから課題が進んでいくと廊下の幅、扉の幅などをはか
るという課題も出てきます。そのときに、たとえば車いすの幅
が何mmということを体得できていれば、室内寸法などを考え
ながら、通れる、通れない、入り方によっては入れるなど、さ
まざまな方法があることを、図面上で理解することができます。

## 2. どこからはかり始めるか

　初めての計測では、小さな部分からはかり始めて、しだい
に全体へという描き方をする人が多くいます。このようにす
ると、縮尺が適切でなかったことに途中で気づくこともあり
ます。縮尺が適切でも、徐々に用紙からはみ出すことに気づ
くこともあります。

　反対に、大きな輪郭部から始めて、次第に内部の細かい点
を計測するとうまく描くことができます。これは車いすのよ
うな機械図面だけでなく、建築、室内の図面も同様に、建物
や部屋全体の大きさを描いてからしだいに内部の細かいとこ
ろへと描き進めていきます。

## 3. どこをどれくらいの精度ではかるのか

　上記の目的を達するためには、室内外を移動することが
できるか、困難かを見きわめられればよいので、1cm以下、

mm単位の精度はあまり考えなくてもよいでしょう。車いす
には、計測すべきところがものすごくたくさんあります。バ
リアフリー環境を考えるためには、少なくともなにを知るべ
きなのか。また、あまり必要のない寸法はどこなのか。構成
するフレーム（パイプ）の直径や、キャスタの厚みは必要か。こ
のようなことを考えながら計測していきます。

## 4. 車いすの図面化の手順

### （1）主要な寸法を物差しやメジャーではかる

　次の表にある寸法は、JISにおいて車椅子製品に表記すべき
寸法とされているものの中から、主要な寸法を示します。まず
はこの部分の寸法をはかってみましょう。

| 項目 | 寸法(mm) |
|---|---|
| 全長 | |
| 全幅 | |
| 駆動輪径 | |
| ホイールベース | |
| 手押しハンドル高 | |
| アームサポート高 | |
| 前座高 | |
| 後座高 | |
| シート奥行 | |
| フットサポート・シート間距離 | |
| フットサポート高 | |
| キャスタ径 | |

### （2）縮尺を考える

　図面化するときは、小さな機械部品以外は現物の寸法（現
寸）よりも縮小して描くことが多いのです。どれくらい縮小す
るのかという縮小の度合いを「縮尺」といいます。

　1/2、1/5、1/10、1/20、1/50、1/100などと表現します。1：
2、1：5、1：10のように表すこともあります。

　車いすをはかって、縮尺1/20で図面化する場合は、現寸
が1,000mmだった場合、50mmになります。では、現寸が
500mmならどうなりますか。慣れないと最初は戸惑うかもし
れません。

### （3）寸法の記入をしておく

　はかりながら、どの部分をはかったのかがわかるように、
手描きの簡易な図面上にその寸法を入れていきます。

注）単位の表記について

たとえば、身長を表現するとき、「160cm」、
ときに「1.6m、1.60m」ということもあ
るかもしれません。しかし、ふつう
「1,600mm」ということはありませんね。
ところが、土木や建築、機械工学の分
野では、JIS（日本産業規格）における製図
の規則において、長さの単位ではmm
を使うこととなっています。そのため、
「20m」は、「20,000mm」と表現されます。
本書では、これ以降、長さに関する単
位表記は「mm」とします。また、通常、
千の単位を超えると、「1,000mm」のよ
うに3桁ごとに「,（カンマ）」をつけること
が多いのですが、本書もそれに倣うこ
とにします（このことは、お金の世界と同
じですね。日本の単位は万ですが、それは
「10,000円」とも書かれますね）。

日本では、3桁ごとに「,」が来ることに違
和感もありますが、外国の多くの国では
それがふつうとなっています。

住宅改修やまちづくりでは、さまざまな
職種の人やふつうの市民と協働する場
面が多くあります。ある人が「段差を5
以下にしてください」といっても、聞い
た人によっては「5mm」だったり、「5cm」
ということが起きます。筆者は、相手が
工学技術職の場合は「mm」、それ以外
の場合は「cm」と使い分けたことがあり
ますが、今度は自分自身が混乱しまし
た。どちらの場合でも、「mm（ミリメート
ル）」、「cm（センチメートル）」という単位
を数字につけたほうがよいようです。

**（4）寸法をはかり終わったら、手書き図面に書かれた寸法を、実際の寸法から縮尺寸法に合わせて描く。**

　図は、標準形手動車いすにおいて主な寸法とその部分の名称を記しました。ここにある寸法だけで十分でしょうか、足りないものはありませんか。また、ここに描いてあるほどたくさんの寸法は必要ないかもしれません。なにを知りたいのか、その目的によります。

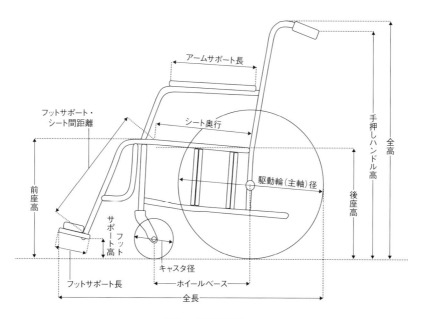

〈車いす側面図〉

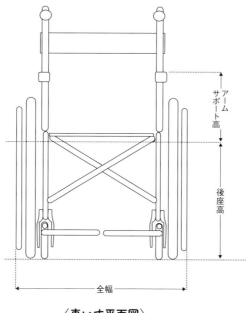

〈車いす平面図〉

# 〈図面のプロセス〉

## 1

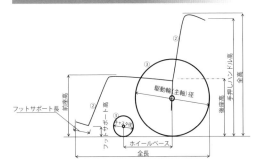

①…車いすの主要な輪郭となる部品を描く。
②…パイプなどの棒状の部材は、部材の中心線を描く。
③…キャスタや駆動輪のような部材は、外形線を
細かく薄く描いておく。
④…角が丸く曲げられている部材は、その部分を丸い
テンプレートか手で描いておく。

## 2

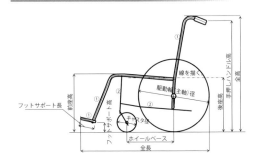

①…パイプなどの棒状の部材は、中心線から振り分けて
外形線を描く。パイプの太さも、縮尺と一致するように
考慮する。
②…それ以外の主要なパイプなどの棒状の
部材の中心線を描く。

## 3

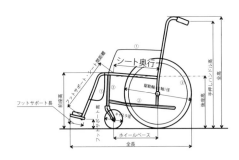

①…さらにそれ以外の主要なパイプなどの棒状の
部材の中心線を描く。
②…パイプなどの棒状の部材は、中心線から振り分けて
外形線を描く。
③…駆動輪の内側を描く。

## 4

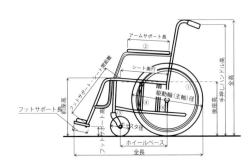

①…ハンドリムも外側、内側の線を描く。このときハンドリムの
外側の線が駆動輪の線と重なることもある（下参照）。
②…アームサポート部分などの描き込む。
③…キャスタを支持する部品は、複雑なので定規を使って
描かなくてもよい。
④…それ以外の部品も忘れずに描く。

## 〈自走用車いす平面図〉

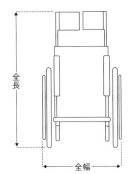

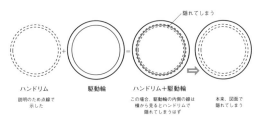

ハンドリム
説明のため点線で
示した

駆動輪

ハンドリム＋駆動輪
この場合、駆動輪の内側の線は
横から見るとハンドリムで
隠れてしまうはず

隠れてしまう

本来、図面で
隠れてしまう

## 〈ハンドリムの描き方〉

実際の表現
駆動輪の内側の線は描かない。
ハンドリム内と外と駆動輪の外形が加わるため、
図面上は3本の線になる。

# WORK 3

## 自走用標準形車いすの寸法をはかり、図面化する

〈課題〉 実物の車いすの平面図と側面図を
1/10の縮尺で図面にしてみよう。

細かいところも観察して寸法線を入れてください。

ハンドリムの径をはかる

全幅をはかる

手押しハンドル間をはかる

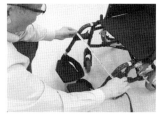

キャスタ間をはかる

座面高さをはかる

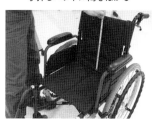

バックレスト高さをはかる

キャスタ径をはかる

アームレスト高さをはかる

車いすを倒して駆動輪の径をはかる

〈図面化に必要なプロセス〉

・どこを測ったらいいのか？

人体寸法をはかることを考えてみる。どこをはかると人の大きさや
かたち（体型）などのイメージが正確に第三者へ伝わるだろうか。
人を表現するのに、絶対に必要なのは身長。では、次にどこをはかるか。
肩幅、股下、手の長さ、頭の幅、胸や腹の厚み…。もし手袋をつくるという
課題があったら、一指ずつの指の長さや太さをはかる必要があるかも知れない。
ここで車いすをはかるのは、車いすを使用しやすい生活環境を考えるためだ。
そうすると、車いすの長さと幅の最大値を押さえることが絶対に必要となる。
動きに関連する、前輪（キャスタ）、後輪の取付け位置や径が必要となる。もちろん、
座面高は物を取ったり目線の高さに影響するので同様に必要だ。そうしたことを考えると、
おおよそ前ページの4に描かれている寸法をはかれば、車いすの全体が表せる。

## WORK 3

## 解説
### 車いすを図面化するプロセスについて

前頁を参考に、どの部分の寸法が必要かがおおよそわかったら、
写真のように計測しながら採寸メモをつくる。

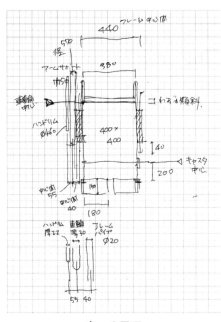

車いす平面

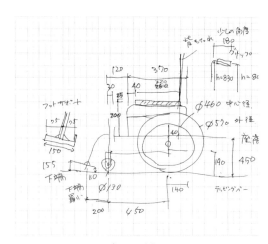

車いす側面

〈採寸メモの要点〉

・A4判程度の用紙を、紙挟みなどにはさんでおくと扱いやすい。

・定規などを使って、まっすぐな線で描く必要はない。

・図の正確さや縮尺は意識する必要はない。たとえば、実際には正方形だったとしても、
　その部分がやや長方形になっていてもかまわない。円も歪んでいてもかまわない。
　それぞれどの部分をはかったのか、大まかに全体の形がわかればよい。

・ただし寸法の数字は、はかったとおり正確に書き込む。

・後輪とハンドリムとの距離や、フットサポートまわりなど、図上では細かくなって
　描きにくい場合は、その部分だけ別に拡大して描く（図参照）。

・白紙よりも、グラフ用紙（方眼紙）などの罫線が薄く入っている用紙を使うと、
　水平や垂直の線が描きやすい。罫線は、線を引くときのガイドにすることが目的である。
　1cmの目盛りが、実際の寸法ではどれくらいになるかといった、
　縮尺を考える必要は、この時点ではない。

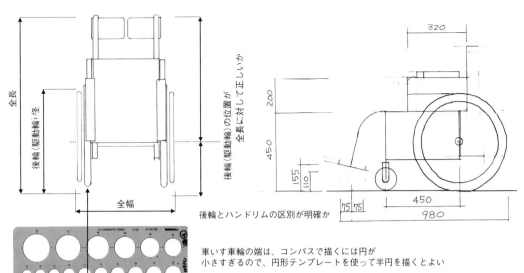

全長

後輪（駆動輪）径

後輪（駆動輪）の位置が全長に対して正しいか

全幅

後輪とハンドリムの区別が明確か

320

200

450

155

110

75 75

450

980

車いす車輪の端は、コンパスで描くには円が
小さすぎるので、円形テンプレートを使って半円を描くとよい

**図面では、寸法通り正しく描く。**
**ここでは、平面図と側面図に挑戦する。**

### 〈採寸メモから図面を描いていく〉

　メモは、寸法の数値以外は正確ではない。
はじめに全体の長さ、幅、高さといった主要
寸法から鉛筆などあとから消せる筆記用具で
線の長さを記入された寸法のとおりに正しく
描く。パイプなどの曲線部分は円形のテンプ
レートを使って描くか、コンパスを使って鉛筆
等で薄く描かれた線をていねいに手書きでな
ぞってもよい。

　とくに側面図では、駆動輪（後輪）を描くた
めの大きな円を描くためのテンプレートがな
いときは、上図右のようにコンパスで描いた
線をていねいになぞってもよい

### 〈部材の中心線から描いて、部材の
### 太さを表していく〉

　横から見た図（側面図）は、上面から見た図
（平面図）よりも曲線が多くて難しいかもしれな
い。また、ここに描かれている側面図を描く
ときにはかった部分は、部材のパイプの中心
線ではかった。したがって、この図の寸法線

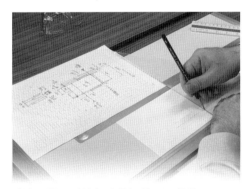

計測した図面の寸法表示を見ながら正しい縮尺で
描いていく。はじめは鉛筆で薄く描いておくとよい。
線がはみ出したり交差していてもよい

は中心線間の寸法を表している。本来なら、
この中心線を振り分けて実際のパイプ等の太
さを表すが（p.19、p.20参照）、時間もかかるため、
このページの図のように中心線の表現だけで
だけで終わらせてもよい。

　あとは、前ページではかった寸法を、寸
法線として引き出した線に描いていく。この
ページの図では、説明の図が複雑になるた
め、寸法の数字は省略してある。P.19を参考
にして寸法線を描くとよい。

細かな製図規則は気にしない。
車いすの重要箇所の位置が正しく「再現」されているかが重要。

この課題では、機械工学的な製図規則を気にする必要はない。チェックすべき点は、車いす寸法の「再現性」である。全長や全高、最大幅はもちろん、いす座席の大きさ、フットサポートの位置が、図面によってどこまで再現できるかが重要となる。そこから、以下のような点を知ることができる。

・キャスタ（前輪）の大きさ（直径）や、フットサポートの下の空き寸法（フットサポート高）からは、乗り越えられる段差の限界が読み取れる。

・全長や最大幅から、曲がることができるカーブの形状限界や、通るために必要な通路幅、扉幅などがある程度推測できる。

・座面とハンドリムの位置がわかれば、その車いすがなくても、他のいすに座った状態で、自分の身体においてハンドリムがどの辺に来るのか、こぎ出すのに適切かを推測できる。

・手押しハンドル位置（手押しハンドル高）は、介助者が自分の身体寸法に合う高さかを知ることができる。

・座席の幅は自分が座ったときにどれくらいの余裕があるのかを知ることができる。

・座面の高さによって、その車いすに座ったときに、どれくらいの目線の高さになるのか、どれくらいの高さに置いてあるものに手が届くのかを知ることができる。

・これ以外にも、実物の車いすが目前になくても、空間的、使い勝手の面でさまざまなチェックができる。

## 〈コラム〉 車いす事始め

箱根式車いすのイメージ図

●車いすはヨーロッパ中世からその記録があります。現在のような折りたたみ式の車いすは1933年アメリカのメーカーがはじめて製品化しました。現在の車いすの原型ともいえ、写真を見ただけでは現在ものと変わりません。

●日本では日清、日露戦争による多くの脊椎損傷者を収容した箱根療養所（1940年〜）で、すでに車いすが使用されていました。日本の車いす製作の草分けといえる北島商会では、1930年代初頭から車いす製作に取りかかっていました。これが後に「箱根式車いす」と呼ばれるようになり重量は30kgもありました。自走もでき、介助用にも使用できました。高橋義信の箱根病院における2001年調査では、その2年前まで「箱根式車いす」を使用して自力でベッド移乗、介助者と花見や地引き網などにも出かけた人がいたということです。

●日本の車いすが大きく変化したのは、1964年11月の東京パラリンピックです。選手、ならびにリハビリテーション関係者らが海外から参加した選手たちの車いすを見て、箱根式から現在の車いすへとつながる金属製が国内でも多く生産されるようになり、現在ではスポーツ用車いすなどでは世界に名だたるメーカーも出てくるようになりました。

〈参考文献〉高橋義信：時代を読む11　戦後初の日本製車いすと箱根療養所、ノーマライゼーション障害者の福祉、日本リハビリテーション協会、2010年9月号

# 車いすのテンプレートをつくって、トイレの図面の中で動かしてみる

**WORK 4**

〈課題 ①〉

WORK3の図面をもとにテンプレートをつくります。
ある程度の厚さのあるスケッチブック、画用紙、
ラシャ紙など、切り抜いても丸まらないものがよい。
紙の色は白以外のものを用いると、図面に置いたときに
視覚的に区別がしやすくなります。

WORK3で図面化した車いすの平面図をもとに
車いすのかたちをトレース（インキング）する

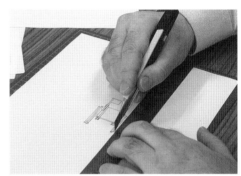

カッティングボード上で切り抜く

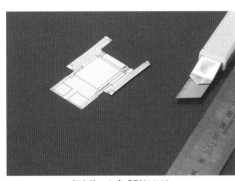

切り抜いた完成形（1/10）

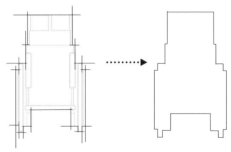

テンプレートといっても、図面をコピーしたものを
切り抜いてもよい。しっかりとした材料でつくる場合は、
図面をコピーしたものを貼り付けて切り抜くとよい。
カッターマット上で切り抜くとよいが、
はさみで切っても簡単に切り出すことができる。

〈縮尺について〉
本書に描かれているトイレの図面の縮尺は1/20である。
車いすの図面は、縮尺が大きいと図面は小さくなるので描きにくいので、
車いすの図面を描くときは、縮尺を大きく描いてもよい。
たとえば、車いすの図面を1/10の縮尺で描いた場合、
コピー機で50%に縮小すれば1/20の車いすになる。

〈課題 ②〉　　自作の車いすのテンプレートを、次頁以降の3つの
車いす対応型トイレの中で動かしてみよう。
まずは、入口から便器までのアプローチをたどってみる。
一番大きな次頁の多機能トイレの中では、車いすを
一回転させてみよう。車いすは、どこにもぶつからずに、
回ることはできるだろうか。

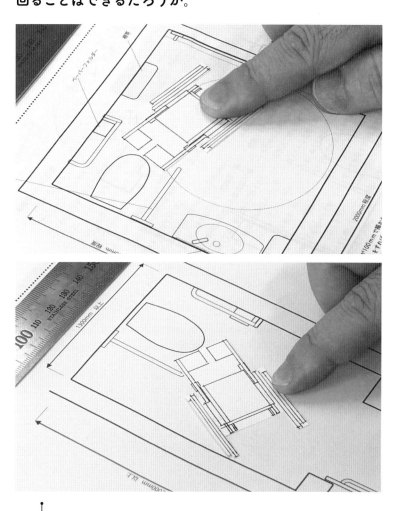

この図では、便器や手すりに車いすが
重なっている部分があります。
実際のトイレを観察してみましょう。
便器の下は少しくぼんでいます。手すりや手洗い器の下も
空いています。どのくらい空いているのでしょうか。
車いすはどのくらい入り込めるのでしょうか。
実際のトイレを観察しながら考えてみましょう。

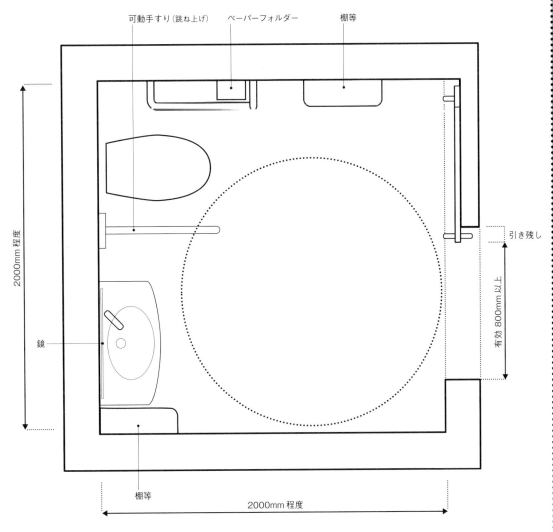

可動手すり(跳ね上げ)　　ペーパーフォルダー　　棚等

鏡

2000mm程度

引き残し

有効 800mm 以上

棚等

2000mm 程度

本図面は1/20。2,000mmが100mmで描かれる。1/10にするには、200%に拡大コピーをすればよい

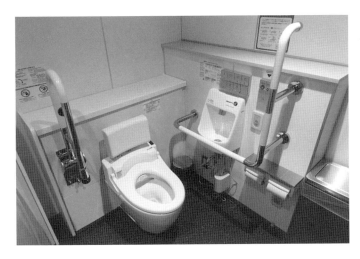

〈多機能トイレ内観〉
便器左の可動手すりを
立てている。便器下には
くぼみがあり、また洗面下は
空きスペースとなっている。

〈トイレ内観〉
便器左の可動手すりを
立てている。

本図面は1/20。2,000mmが100mmで描かれる。
1/10にするには、200%に拡大コピーをすればよい

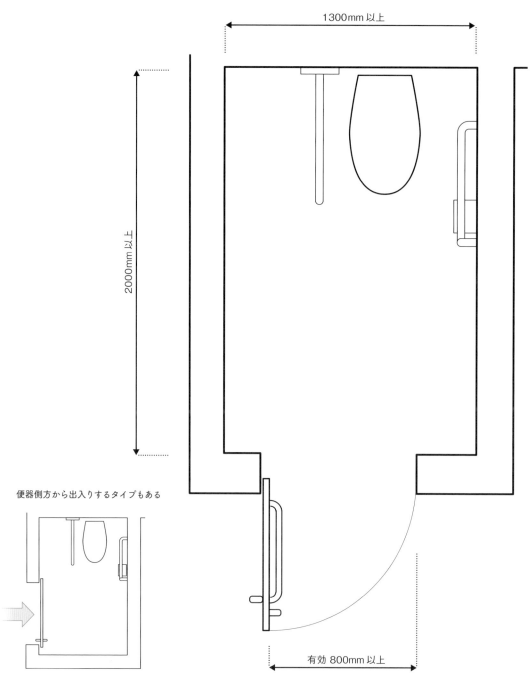

1300mm 以上

2000mm 以上

便器側方から出入りするタイプもある

有効 800mm 以上

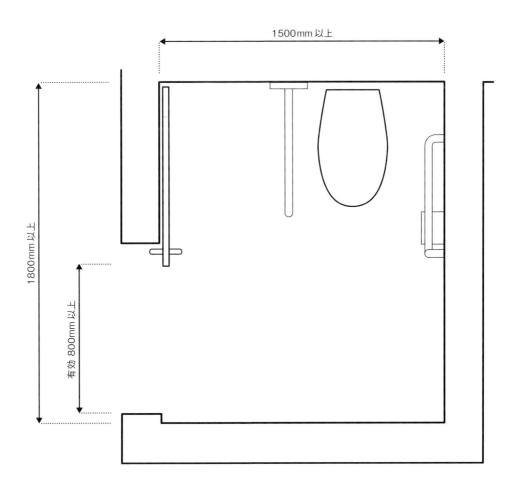

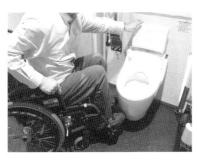
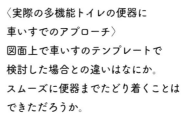
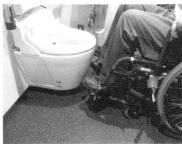

〈実際の多機能トイレの便器に
車いすでのアプローチ〉
図面上で車いすのテンプレートで
検討した場合との違いはなにか。
スムーズに便器までたどり着くことは
できただろうか。

WORK
4

# 解説
## テンプレートとリアルの違いを知る

**実際には、スペースに余裕がないと、車いすは自由自在に動きまわれない。
それは、なぜなのだろう。**

決められた空間内に出入りできるか、その中で便器に乗り移れるか、手を洗えるか、車いすの向きを変えて室外に出られるかなどをチェックする。ここでは設計標準にある多機能トイレ、簡易型多機能トイレやホテル客室などでも採用されている簡易型便房を掲載した。それらを使って、車いすが出入りし、そして排泄や入浴ができるかを車いすの型を抜き取ったテンプレートによりチェックしてみる。

これをすすめていく過程で、テンプレートの車いすでは出入りできたり、室内転回ができたりすることを確認しても、実際にはそのようにうまく通り抜けたり、転回したりできないことに気づくかもしれない。

テンプレートは取り回し（移動したり転回したり）が自由自在である。テンプレートが通る、あるいははまり込める空間があれば、使用できるように見えるが、実際にはそうではない。

車いすの転回に必要な円周

この解答のヒントは、WORK2の「車いすに乗ってみる、押してみる」において自身が書いた考察にある。車いすの曲がる、通り抜ける、転回するなどの動きには、スペースの余裕が必要なのである。

車の縦列駐車と同様、車いすも、狭いスペースに入り込むためには、何度も前後に切り返し動作が必要となる。そのため、上肢・体幹に障害があると、こうした細かい動作をして、狭い空間に入り込むことは困難となる。

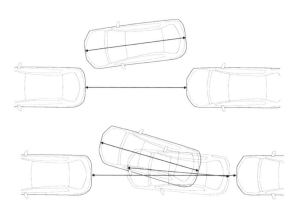

自分の車の車長と同じ、
入れるスペースがあっても、
実際には駐車することはできない。

自分の車の車長よりもわずかでも
広いスペースがあると、何回か切り返し
動作をしながら駐車することができる。

車の縦列駐車とスペース

# 4── 多機能トイレと車いす簡易型便房

## 〈多機能トイレの変遷〉

　1970年代ごろまで「車いすトイレ」、「身障者用トイレ」のように呼称され、1990年代に入ってからより多くの人々が対象になることが意識され、「みんなのトイレ」、「だれでもトイレ」、「ユニバーサルトイレ」のような名称で全国に広がっていきました。その後、国交省ではこうしたトイレを「多機能トイレ」と呼称するようになり、こうしたトイレの一般名称として、広く用いられるようになりました。

　当初より、内法寸法2,000mm×2,000mmは、変わっていません。国交省による「高齢者、障害者等の円滑な移動等に配慮した建築設計標準　平成15年度版」では、図1のように折りたたみベッドなどさまざまな機能を詰め込んで、多機能化していきました。しかし、このことが子連れを含む人々による集中利用を招き、待っていてもなかなか利用できないといった問題が起き、平成22（2010）年度版以降、乳児用ベッドをなくし機能分散をはかりました。このとき空いたスペースに、便器にアプローチする際に支障となることが多かった洗面器具の位置を移動して現在のかたちになっています。

［図2］ある国内の空港のトイレには、車いす使用者簡易トイレのブースが複数並ぶ

## 〈車いす使用者簡易型便房二種〉

　「同建築設計標準　平成22年度版」以降、多機能トイレの利用者集中による利用分散をはかるために、出入り口の進入方向の違い別に簡易型便房二種を掲載するようになりました。多機能トイレと比較すると必ずしも使い勝手はあまりよくありませんが、こうした簡易多機能トイレが利用できる人と多機能トイレの利用者との分散ができると考えられました。

### ・車いす使用者用簡易型便房（p.28直進または側方進入の場合）内法寸法1,300mm×2,000mm

　便器に正面からのみアプローチ。便器に移乗するためには体幹保持能力とある程度の上肢の筋力が必要です。しかしこの方法で利用できる人は1,300mmと、比較的狭い幅においても使用できます。

### ・車いす使用者用簡易型便房（p.29側方進入の場合）内法寸法1,500mm×1,800mm

　便器に斜め横方向からアプローチ。正面からのアプローチと比較すると、便器への移乗動作は比較的容易になります。しかし便房に入ってから、車いすを細かく操作して適切な向きに車いすを移動するのはやや困難です。便房の外に出るときも狭い空間において車いすを後方にバックさせなければなりません。

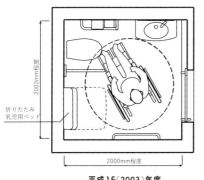

2000mm程度

2000mm程度

折りたたみ乳児用ベッド

2000mm程度

2000mm程度

**平成15（2003）年度**　　**平成22（2010）年度**

［図1］多機能トイレの変遷
「高齢者、障害者等の円滑な移動等に配慮した建築設計標準」の平成15年度版と平成22年度以降を並べてみた。
乳幼児用ベッドがなくなることで、車いすの転回がより容易になっている

## 〈コラム〉
## 車いすによる
## 便器へのアプローチ方向

◉車いす使用者の便器への移乗は、従来から設計マニュアル等においては、利き手側や麻痺側の違いがあるということで、二つ以上設置するときは下図のように左右反転した別々のものを設置するように示されていました。

◉では、代表的な一つはどちらからの方向のアプローチを想定しているのでしょうか。

◉現在では、国交省の「高齢者、障害者等の円滑な移動等に配慮した建築設計標準」において、車いす使用者等の利用を想定した多機能トイレは、左図のように便器正面から見て、右側に壁がくるように便器は取り付けられています。それによって、多くの新設されるトイレはこの図のようなアプローチ方法になっています。

◉とはいえ、1970年代に、わが国において各自治体による設計指針から始まった車いす使用者用トイレは、当初右図のように今とは逆方向でした。右利きの利用者にとってはこちらのほうが使いやすい、利用者は圧倒的に右利きが多いからという理由でした。

◉しかし2000年代に入ってからは徐々に現在の向きに変わっていきました。さまざまな利用者の意見をもとに変更されたようですが、決定的な理由は定かではありません。また、身体の片側に麻痺がある片麻痺の人以外では、慣れによる、どちらでもいいという人も少なくありません。

◉さて、二つ以上設置するときは左右反転した別々のものを設置することにはなっていますが、多くの場合、建築物の各階の同じ位置に多機能トイレが存在しています。こうした場合は配管位置、出入り口の位置の制約から、上階まで便房内の便器の位置はすべて同じ向きになることが多いのです。

〈車いすから便器へのアプローチ〉

建築設計標準を
はじめとした
現在の車いす使用者の
利用を想定した
壁と便房の向き

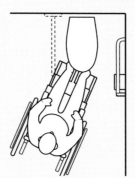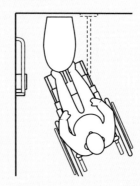

旧来の車いす使用者の
利用を想定した
壁と便房の向き

〈いすから便器への移乗〉

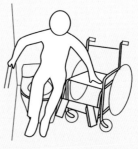

# 車いすに乗って、目線の高さや到達範囲をはかる

〈課題〉

グループで、目の高さ（眼高）や到達範囲をはかってみよう。
車いすに乗った状態と立っているときの両方を
はかってみよう。下表にグループメンバーそれぞれの
はかった数値を入れて平均値を計算しよう。

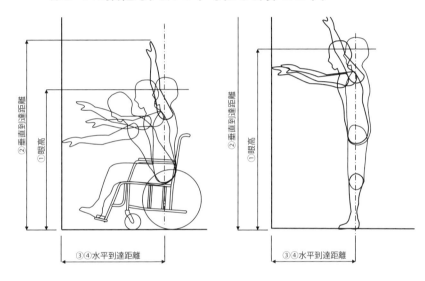

②垂直到達距離　①眼高　③④水平到達距離

②垂直到達距離　①眼高　③④水平到達距離

| | | Aさん | Bさん | Cさん | Dさん | Eさん | 平均 |
|---|---|---|---|---|---|---|---|
| 車いす<br>自走用標準形 | ①眼高（がんこう） | | | | | | |
| | ②垂直の最大到達距離 | | | | | | |
| | ③水平の最大到達距離　　身体をまっすぐにして | | | | | | |
| | ④水平の最大到達距離　　身体を前傾して | | | | | | |
| 立位姿勢 | ①眼高（がんこう） | | | | | | |
| | ②垂直の最大到達距離 | | | | | | |
| | ③水平の最大到達距離　　身体をまっすぐにして | | | | | | |
| | ④水平の最大到達距離　　身体を前傾して | | | | | | |

（単位mm）

〈車いす　自走用標準形〉

①…眼高：身体（体幹）をまっすぐにして

（※今回の到達範囲の計測は背筋を真っ直ぐにした状態で）行います。

②…垂直の最大到達距離：身体をまっすぐにして、もっとも高く
上げられ高さをはかります。

③④…水平の最大到達距離：③身体をまっすぐにして、④そして身体をできるだけ
前傾して、もっとも身体から離れた位置においてどこまで届くのかをはかります。

〈立位姿勢〉

同じようにして①から④をはかります。水平の最大到達距離の計測においては、
両足をそろえたままの姿勢ではかります。

## WORK 5

# 解説

## 車いすに乗って
## 目線の高さや到達範囲を計測する

**手や身体の可動域は、単に身長や手の長さだけで
決まるのものではない。**

　車いすに乗ると、手の届く範囲が限定され
ることを自分の身体で実感することは重要で
ある。そして立位のときと車いす使用のとき
の上限の差、下限の差が重要である。

　また、自分の手の可動範囲を計測しなが
ら、じつは上肢だけを動かしているのではな
く、上体をそれに合わせて動かしていること
に気づく。もし体幹障害（胸、腹などの胴体部分を
動かすことができない）があって、上体を動かすこ
とができない状態であれば、その可動範囲は
さらに狭くなるので、再度計測をやり直す必
要がある。そのような気づきから、可動域は、
単に身長や手の長さだけで決まるのではない
ことがわかる。

　さらにこうした計測をすすめていくと、日
常生活において手の届く範囲は、車いす前

方に位置するものだけではないことにも気づ
く。仮に車いすを直角に移動して同じ動作
をしてみると、違った結果になることがわか
る。なぜそのような違いが出てくるのか考え
てみる。このように別の方向からアプローチ
した場合に、可動範囲について違いが出た場
合、車いすのアプローチ位置を変えることに
よる、空間的、身体的な長所と短所をあげて
みるとよい。

　室内のバリアフリー設計では、電気器具の
コンセントの高さを400mm、ベッド周辺の電
灯スイッチの高さを800〜900mmくらいを設
置の目安としている理由は、この実験からよく
わかる。玄関ドアのノブの位置なども、どれく
らいになっているのかまずは実験結果から考
えてから調べてみよう。

### 〈車いす使用者用客室の例 ①〉

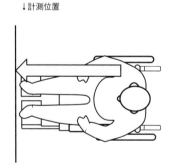

↓計測位置

別の方向から計測すると違いが出てくるか？

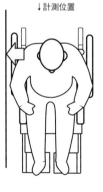

↓計測位置

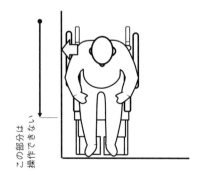

横方向において取り出せる範囲が限定される

この部分は操作できない

前方の空間に制限がある場合

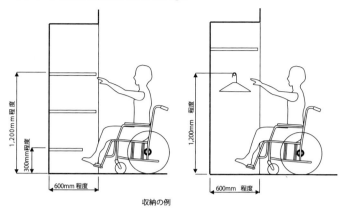

収納の例

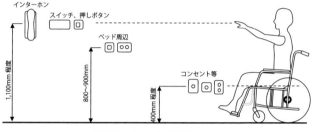

コンセント、スイッチの高さの例

［出典］高齢者、障害者等の
円滑な移動等に配慮した
建築設計標準（平成28年度）
より、一部改変

　住宅内における設置の目安を示す。

・操作系における高い位置にある　1,200mm
インターフォンなど

・ベッド周辺に設置されるやや高い位置にあ
る　800mm 〜 900mm　スイッチ（ベッドの高さ
を400mmくらいに想定していると考えられる）

・比較的低い位置にある　400mm　コンセン
トなど

　あなたにとってこれらの高さはどのように感
じましたか。

　高すぎる、低すぎる、ちょうどよいなど、あ
なたの身長や使用している車いす（とくに座面の
高さ）から考察してみよう。友人と比較して、こ
こに掲げた車いす使用者対応の「建築設計標
準」の値は適切だと思うか。

〈コラム〉
## 住宅のコンセント位置

●最近では、中高年の居住者がいる住宅の新
築やリフォーム（改修）において、コンセント
の高さを、一般的な200mmから前述の車いす
使用者対応の400mm程度の高さにするよう
勧められることがあります。これは掃除機や調
理器具といった、日常的に高い頻度で抜き差

しの動作が行われるときに、200mmでは腰を
大きくかがめるか、しゃがみ姿勢になる必要
があり、身体的負担が大きいためです。

●また、冷蔵庫の電源コンセントは、200mm
の高さでは埃がたまりやすく見えにくいことか
ら、火災の原因にもなります。このため冷蔵
庫よりやや高い位置に、それも目立つ場所に
付けられることがあります。

# 5──計測において留意したいこと

　はじめに計測方法について困ったことはありませんか。

　眼高について、どのようにしてはかりましたか。正しくは
かるのはむずかしいのですが、図1のように三角定規をあて
る、スマートフォンアプリの水準器機能（あとの実験で述べます）
を使って、水平をきちんと設定してから、その下へ巻き尺を
垂らしていくといった方法が考えられます。三角定規を使用
する際は、顔をまっすぐにして、定規が床に対して垂直、水
平になるように注意します。また、こうした器具を使用する
ときは、必ず計測される本人が自分の目にあて、目を傷つけ
ないようにして、水平になっているかは他の人に見てもらう
ようにします。

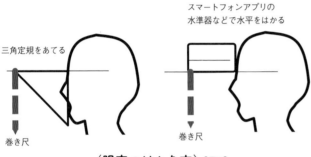

〈眼高のはかり方〉〔図1〕

三角定規をあてる

スマートフォンアプリの
水準器などで水平をはかる

巻き尺

巻き尺

　立位のときと車いす使用のとき、眼高はどれくらい違って
いましたか。この違いは日常生活にどれくらいの影響を与え
るのでしょうか。よく、子どもの目線で見るとまわりが違っ
て見えるといわれることがあります。じつは成人の車いす使
用者の眼高は、小学校入学前の幼児とほぼ同じではないで
しょうか。まちに出てよく見る看板や商品棚、ディスプレー
などはすべて立って歩いている大人の目線でつくられていま
す。とくに人が多い、駅や地下通路、商店街などで、車い
すに乗ってみるか、少しかがんで子どもの目線になってみて
ください。いつも何気なく見えている案内表示なども見えな
い、気づかないという場面が多くあります。これらサイン計
画については、第Ⅱ章の視覚機能の実験においても扱います
が、単に視線の高さが違うだけでも見ている世界が違うこと
を知ってください。

大人の目線でテーブルを見る。
その上には、沸騰したポットが
置かれている

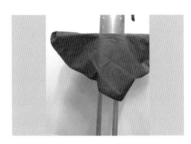

子どもの目線でテーブルを見る。
テーブルクロスのひらひらは見えるが、
沸騰したポットのようすはよくわからない

大人の目線でオフィス内を見る

車いす目線でオフィス内を見る。
見えない物がいっぱいある

p.34、35の解説にも書きましたが、到達範囲の計測においては、自分の手の可動範囲を計測しながら、じつは上肢だけを動かしているのではなく、上体をそれに合わせて動かしていることに気づきます。もし休幹障害（胸、腹などの胴体部分を動かすことができない）があって、上体を動かすことができない状態であれば、その可動範囲はかなり狭くなることも気づいたでしょうか。

　このように、実際の計測は、少し姿勢を変えたりするだけで数値が大きく変わることがあり、人によって同じ体格であって

立位で

〈計測のようす〉

車いすに乗って

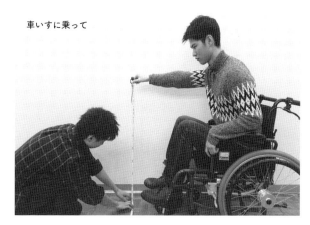

も結果が異なることがありました。これについては、計測時に写真を撮っておいて、数値が大きく変わるときは、その理由を考えてみるとよいでしょう。

　車いす使用者においても、物を取るためにこのように姿勢を変えることがあります。その多くは、車いす座面から身体を前方にせり出して、いすに浅く座るような姿勢になって物を取ったりする場合などです。このような姿勢は身体に無理な力がかかります。

　また、WORK5の実験中に、指示のとおりに正面から手をのばすのではなく、横向きになるともっと高いところや低いところにある物を出し入れできることに気づいた人もいるかもしれません。これによって、どのくらい届く範囲が変わるのか、各自で工夫を凝らしてはかってみてもよいでしょう（p.34参照）。

● 人間工学の分野では、人間にとってもっとも取り出したり扱ったりしやすい位置や高さに関する研究が進んでいました。その成果の集大成が、自動車の運転席や航空機のコックピットの設計、作業しやすい工場やオフィス空間の設計などに生かされています。

● 下図は、立位姿勢における取り出しやすい位置を示したものです。これによると、身長を100%とした場合、収納しやすい範囲（物を取り出しやすい範囲）は、おおむね身長の40%から85%の高さの範囲ということがわかります。また、人間は自分の身長よりも高い位置にある物を取り出すことができることがわかっていますが、この範囲は意外と小さく、115%までということがわかります。なお上限は、あくまでもその範囲の物が扱えるということですから、たとえば棚をつくるときに115%の高さに棚板をつくっても、そのうえに載せた物は取り出せないことに注意します。

● この図で重要なことは、みなさんも実験でわかったように、意外と下にある物が取り出しにくいということです。身長の40%の位置では、物の取り出しにたいへん苦労します。なお、日本人男性の身長にあてはめてみた比率では、40%は約700mmの高さになり、オフィスのデスクや食堂（ダイニングルーム）などで使われているテーブルの高さとほぼ一致します。そうしたデスクよりも低い位置は物が取り出しにくいことを知っておいてください。

● さらに身長の20%以下では、物を取り出す負担も大きいため、この位置に物を置くことは推奨されません。とくに車いす使用者では、車いすの座面よりも下にある物を取り出すことは困難なことを実験によって知ったと思います。

● こうしたことを、私たちは経験的に知っていて、たとえば住宅にある棚やタンスでは、日常的によく使う衣類、物品などは図で示す最適範囲に、めったに使わないものや季節によっては着ることがない衣類はこの範囲外に置いておき、季節がかわるとタンスの中の物を入れ替えるということが日常的に行われていました。

図中のパーセント表示は、扱う人の身長を100%として高さを表したもの。併記してある高さ寸法は、身長を1,700mmとした場合の実寸法である。（図版オリジナルは、100%を1,650mmとしていたが、その後日本人の男子の平均身長は1,710mmを超えているため、筆者が1,700mmに改変している。また、棚の色分けを最適な度合いによって行ったため、オリジナルの図版とは異なっている。）

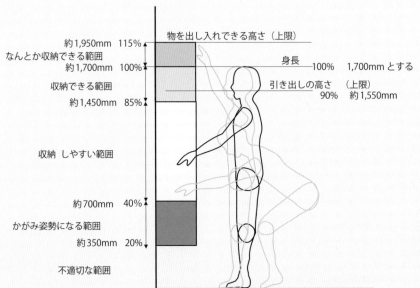

約1,950mm 115% 物を出し入れできる高さ（上限）

なんとか収納できる範囲
約1,700mm 100% 身長 100% 1,700mmとする

収納できる範囲
約1,450mm 85% 引き出しの高さ（上限）
90% 約1,550mm

収納 しやすい範囲

約700mm 40%

かがみ姿勢になる範囲
約350mm 20%

不適切な範囲

［出典］小原 二郎、内田祥哉、宇野英隆（編）：建築・室内・人間工学、鹿島出版会、1969年
（筆者一部改変）

# WORK 6

〈課題〉

# 車いすが転回するときに必要な幅をはかる

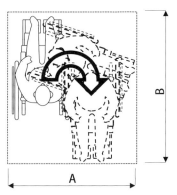

［180°転回（通常走行寸法）］
片方の車輪（この図では左側）だけを
動かして転回する

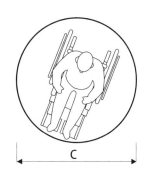

［180°転回（最小回転寸法）
超信地旋回（ちょうしんちせんかい）］
左右の車輪を同時に逆回転させて転回する

介助者による車いすの転回動作

自走形による自分で車いすの転回動作

自走用は実際に自分で乗って操作すること。介助者用は人に押して操作してもらう。
通常走行寸法は操作者がとくに気を遣うことなく、余裕をもって転回できる寸法。
介助用は、介助者の移動スペースも考慮する。
最小で回るため「できるだけ無理のない範囲」で小さく転回させる。

| 自走用標準形（乗った人が自分で操作する） | | | | |
|---|---|---|---|---|
| | 1回目 | 2回目 | 3回目 | 平均値 |
| 180°転回（通常走行寸法） | | | | |
| 180°転回（最小回転寸法） | | | | |

単位mm

| 介助用標準形（乗った人を介助者が操作する） | | | | |
|---|---|---|---|---|
| | 1回目 | 2回目 | 3回目 | 平均値 |
| 180°転回（通常走行寸法） | | | | |
| 180°転回（最小回転寸法） | | | | |

単位mm

# 解説

## 車いすの向きを 180°変える転回

車いすの転回に必要なスペースは、意外と小さい。
とはいえ、限られたスペースにおける転回領域の確保はとても重要である。

　本ワークで試行錯誤しながら、最小限の「その場転回」可能な寸法を見いだすが、意外と小回りが利くことに気づくのではないか。左右のハンドリムを同時に片方は前方に、もう片方は後方に回せば、かなり少ない平面寸法で転回ができる[注]。さらに車いす使用者自身や介助者の操作が熟練していれば、前後への移動をくり返しながらと時間はかかるが（切り返しともいう）、さらに少ない平面寸法で転回できる。どのようにすればよいかを、それぞれが試行するとよい。

　上肢や体幹障害の程度が低く、車いすの扱いに熟練すると転回に必要な空間はかなり小さくなる。一方、一般的に、そうした障害

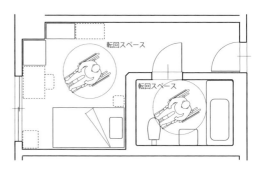

**転回スペースを必要とするホテル客室**
（高齢者、障害者等の円滑な移動等に配慮した建築設計標準（平成24年版）より、一部省略）

があると転回にかなり大きなスペースを必要とする。

　転回スペースの大きさが問題になるのは、ホテル客室のような狭小スペースにおいて、原則として室内奥で転回できないと、後ろ向きでバックしながらでなければ戻れなくなるからである。後方へ操作すること、さらに後ろ向きのままで狭い扉や通路を通過することは意外とむずかしい。

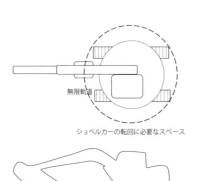

ショベルカーの転回に必要なスペース

注）戦車やブルドーザーなどの無限軌道（通称／キャタピラ®）は、このような動きが可能である。車体の中心位置と転回の中心位置が一致するため、このような転回が転回に必要な最小空間となる。超信地旋回などともいう。

# 車いすの重さと 重心位置をはかる

〈課題〉

車いすの種類ごとの重量、人が乗ったときの重さと
前後の重心の位置をはかってみよう。
また、前方にかがんだり、後方に寄りかかることで、
重心の位置がどのように変わるのかも計測しよう。

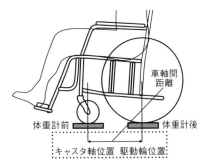

車軸間距離

体重計前　　　　　　　　　体重計後

キャスタ軸位置　駆動輪位置

普通の体重計を用意し、車いすの4つの車輪一つひとつを載せる。
前輪にかかる重さは前2つの体重計の合計、
後輪にかかる重さは後ろ2つの体重計の合計となる。

| 自走用標準形 | | 前輪 | 後輪 | 比率（前輪：後輪） |
|---|---|---|---|---|
| 乗っていないとき | | kg | kg | ： |
| 乗っているとき | ふつうの姿勢 | kg | kg | ： |
| | 前方にかがむ | kg | kg | ： |
| | 後方に寄りかかる | kg | kg | ： |
| 介助用標準形 | | 前輪 | 後輪 | 比率（前輪：後輪） |
| 乗っていないとき | | kg | kg | ： |
| 乗っているとき | ふつうの姿勢 | kg | kg | ： |
| | 前方にかがむ | kg | kg | ： |
| | 後方に寄りかかる | kg | kg | ： |

〈重心位置の求め方〉

$$キャスタ軸からの距離(mm) = 《\frac{体重計前(kg)}{体重計前(kg) + 体重計後(kg)}》 × 車軸間距離(mm)$$

# WORK 7

# 解説
## 車いすの重心位置と求められる走行性能の関係

車いすの重心は、意図的にアンバランスになっている。
段差を越えるために、どちらに重心が偏っていたほうが有利だろうか。

実験を実施する前に、前輪と後輪にはそれぞれどれくらいの比率で重量がかかるのかを予想してみるとよい。人が乗車しているとき、乗車していないときでは、前輪（キャスタ）と後輪（駆動輪）の重心比率がどのように変化するのかについても予想してみる。

この結果から、車いすは意外と重心が後輪側にあり、人が乗ると後輪に荷重が大きくかかってくるということがわかるだろう。また、車いすへの乗車時に座位姿勢によって、身体を大きく後方へのけぞらせると、荷重のほとんどが後輪に集中してくることもわかる。

車いすは、なぜこのように前後において荷重のかかり方がアンバランスになっているのだろうか。それはベビーカーと比べると、その違いがよくわかるが、その設計思想が異なるためである。

「車いすに乗ってみる、押してみる」において、すでにこの答えを見いだした人もいるのではないか。車いすに乗車して、ハンドリムを強く前進側に回すと、瞬間的に前輪キャスタがもち上がることはなかったか。

車いすは、前輪にあまり荷重がからないことによって、段差越えが容易になるように設計されているのである。また、工学的視点から見れば、車いすが後方へひっくり返りやすくなるなど安定性は悪くなるが、自立走行時の走行性能や介助者の取り回しは格段に向上する。たとえば、スポーツ種目の車いすバスケットに使用されている車いすは、前輪

キャスタを極端に小さくして前方を軽くし、後輪とそのハンドリムを通常の車いすと比較して、かなり前方に取りつけている。これによって、全体の荷重は極端に後輪に集中する。バランスを犠牲にしても急激な加速、急な転回に有利なようにしている。選手同士が軽く衝突しても、両者がすぐ転倒するのはこのためである。

ベビーカーには、このような走行性能は求められていない。むしろ転倒は絶対にあってはならないため、両輪にバランスよく荷重がかかるように安定性を重視している（詳しくは、p.45参照）。

後輪キャスターがなければ、
容易に後方に転倒する

後輪キャスターは後方転倒防止
（接地面はバネ等で上下する）
バスケット用車いすの主要部材

**バスケット用車いすの重心位置としくみ**
スポーツ用の車いすは多種あるが、球技等で使用される車いすの主要部材とその位置は共通している。図はバスケット用のものである。駆動性能、転回性能を上げるために駆動輪が前後の重心位置よりも、極端に前方にある。人が乗ると、頭部や体幹部をまっすぐに起こした状態では、右図のように後方に転倒するため、後輪キャスターが付いている。

# 電動車いす

◉わが国では、1970年代初頭まではほとんど使用されていませんでした。欧米では、重度な障害をもつ人を中心に使われていたものの、当時はたいへん高価なものでした。

◉種類は、自操用標準形、自操用簡易形に分かれています。

◉いずれも大きさは、全長1,200mm、全幅700mm、全高1,200mmと、長さ、幅といった平面的に必要な面積は、手動車いすと変わりません。当初、大型で重量も40kgを超えるものが主流でした。現在では手動標準形車いすに外付けでバッテリー駆動モーター制御器、ジョイスティックなどが付けられた自操用簡易形が主流になっています。

◉走行性能では、直進で10°の傾斜を発進し、登れること。同時に10°の傾斜において停止できること、となっています。この角度は、勾配にして1/6弱 建築基準法に定められた傾斜路（スロープ）の最大と一致し、かなりきつい勾配を

**スウェーデンストックホルム市内**
ヨーロッパでは、電動車いすは乗り心地の良さ、機能性、
長距離移動を考慮してわが国のものと比較して大型である。
後方に簡易スロープを付け、もち歩いていて、
駅のホームなどで利用する。わが国と比較して公共交通機関の
車両が大きいという違いもあるが、都市部でも道路が
平坦でない石畳だったり、車両とプラットホームに段差がある、
バス車両もリフトやスロープがないという事情もある。

想定しています。

◉段差は助走なしで25mm、助走ありで40mmが乗越えられるとしてあり、歩道の段差を切り下げた場所への対応を求めています。平面寸法では、幅1.2mの直角路を曲がれなければならないとされていて、みなさんが手動標準形で計測した幅と比較して、かなり大きな幅が必要と感じるのではないだろうか。

◉それ以外にJIS規格ではありませんが、重量は20〜30kg程度のものが主流で、一回の充電による走行距離は15〜30km程度あります。

◉最高速度は、JIS規格では低速用最高速度4.5km/h以下、中速用最高速度6.0km/h以下と定められています。道路交通法施行規則においてもこの制限速度6.0km/hが明記されています。なお警察庁によれば、平成28年の電動車いすによる交通事故の発生件数は、155件となっていて、それでも5年前の平成24年の215件と比較するとその間漸減しています。平成28年の電動車いす使用者の死者は9人と、5年間で見ると毎年7〜9人が死亡しています。

◉道路交通法においては、手動車いす、電動車いすは歩行者扱いとなり、歩行者に求められる交通規則がそのまま適用されます。とはいっても、「電動車いすの安全利用に関するマニュアル」（警察庁による）においては、走行中の携帯電話の使用、飲酒運転の禁止は一般車両の運転と同じように禁止されています。これについて、2018年に特定非営利活動法人DPI（障害者インターナショナル）日本会議は、警察庁に対して「電動車いすの安全利用に関するマニュアル」への抗議と改善を要望しました。

# $6$── 車いすの重心位置、そしてベビーカーまで考える

WORK 5の実験で確かめたように、自走用標準形車いすは、人が乗った状態で必ずしも安定した状態にはなりません。車いすは、もともと右写真の中央のように、ふつうに上体を起こした姿勢においても、後輪に大きな荷重がかかるようになっています。また、同じく右写真の下のように、極端に後継させた姿勢をとると、車いすの荷重は後輪のみにかかり、後方に転倒することもあります。

これは、車いすのこぎ出しやカーブにおける取り回し、ならびに段差越えを考慮してあるためです。そのため、ふつうに上体を起こした姿勢でスロープを上がると、後方へ転倒する可能性もあることになります。このような場合、上体を傾けることができる車いす使用者は、右写真上のように前傾姿勢となって、重心を前方に移動し、キャスターに荷重をかけるようにしてスロープを上がることになります。

## ［課題 ①］ やってみよう
スロープにおいて、車いすはどの程度不安定なのかを、
スロープ上に体重計を置いて、下記のような方法で
計測してみよう。重心位置をはかって、前ページの
結果とどれくらいの差があるのかを見てみよう。
車いすに乗っている人も、ふつうに上体を起こした
姿勢になったり、前傾姿勢になったりと、異なった姿勢で、
重心位置がどれくらい変わるのかを確認してみよう。

後方に転倒してけがをしないように、
必ず補助者をつけておくこと。

車いすに乗っている人も、
ふつうに上体を
起こした姿勢、
前傾姿勢の2種類で、
重心位置がどれくらい
変わるのかを
確認してみよう。

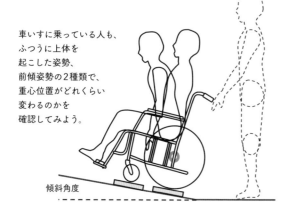

傾斜角度

注意: スロープの傾斜はあまり大きくしなくても差が出てくる。

前傾姿勢

大きい　　小さい

上体を
起こした
姿勢

小さい　　大きい

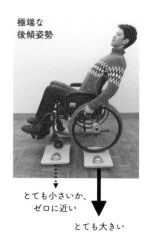

極端な
後傾姿勢

とても小さいか、
ゼロに近い

とても大きい

スロープにおいて、キャスタと、
後輪にかかる荷重をはかり、重心位置を計算してみる。
重心位置を計算してみる。
前ページの結果と比較してみる。

［課題 ②］　やってみよう

ベビーカーはどのようにつくられているのか、
同様の方法で計測してみよう。
まずは、生後1歳6か月程度の幼児を想定して、統計による
1歳6か月児の中央値から、体重10kg程度と想定します。
10kgの重り(砂などを入れた袋でもよい)を積載して、幼児を
乗せた状態に近い位置に配置してはかってみよう(図右)。
また、ベビーカーメーカーは、危険ということで
取扱説明書等で禁止しているものの、ベビーカー後方に
買い物袋などを吊り下げて走行している姿をよく見る。
これが転倒しやすく、いかに危険なことであるかを
実証してみよう。
なお、実験においては、買い物袋の重さは自分たちで
設定を変えながらやってみよう。なお、筆者らの調査では、
後方に買い物袋などを吊り下げている人たちの荷物の
平均の重さは2.6kgでした(下のコラム参照)。

〈ベビーカーを体重計に乗せてみる〉

幼児のダミー
砂を詰めた袋でもよい

体重計　　体重計

〈さらに荷物を後方に引っかけてみる〉

レジ袋に物を詰めて
中央にぶら下げてみる

体重計　　体重計

［参考］乳幼児の年齢と体重の中央値

|  | 男子 | 女子 | 単位kg |
|---|---|---|---|
| 0歳6か月 | 8.00 | 7.47 | |
| 1歳0か月 | 9.24 | 8.68 | |
| 1歳6か月 | 10.35 | 9.73 | |
| 2歳0か月 | 11.93 | 11.29 | |
| 2歳6か月 | 12.99 | 12.43 | |

乳幼児身体発育調査　2010年　(厚生労働省)
中央値とは、上から並べて真ん中の順位にいる人の
値である。たとえば、99人いれば、50番目の人の値が
中央値である。平均値(算術平均)と異なり、極端に大きな、
あるいは小さな値をもつ人たちが存在したとしても、
その値に影響されにくいという特徴がある。

〈コラム〉
## ベビーカーと荷物

◉メーカーは禁止しているベビーカー後方への荷物の積載について、東京都内の郊外住宅地に近い最寄り駅において、平日の夕方に調査をしました。ベビーカーへの荷物の積載は、22人中21人に及んでいました。そしてその21人中19人(86.4%)が後方(取っ手部分)にかけていました。それらの人々からの聞き取り調査によると、後方にかける理由は「取り出しやすい」などの利便性によるとのことでした。下部の収納場所は「使わない」ないしは「ふだん使わない雨具などを収納している」ことがわかりました。また妊婦のベビーカー利用者からは、「前屈姿勢ができないので下部収納の利用がむずかしい」ということでした。
◉後方にかけた荷物重量を、ばねばかりで計測したところ、8.4kgといった突出した値の人1人を除いた平均値は2.6kgでした。

［出典］八藤後　猛、田中　賢：車いす・ベビーカーが
動きはじめる床面傾斜に関する実験、
日本建築学会技術報告集、第18巻　第39号、663-666、
日本建築学会、2012年6月

# 重心とは何か

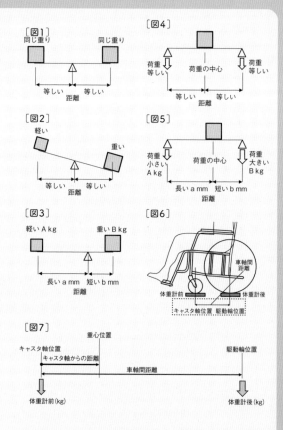

[図1] 同じ重り　同じ重り
等しい　距離　等しい

[図2] 軽い　重い
等しい　距離　等しい

[図3] 軽いAkg　重いBkg
長いa mm　短いb mm
距離

[図4] 荷重等しい　荷重の中心　荷重等しい
等しい　距離　等しい

[図5] 荷重小さいAkg　荷重の中心　荷重大きいBkg
長いa mm　短いb mm
距離

[図6] 車軸間距離
体重計前　体重計後
キャスタ軸位置　駆動輪位置

[図7] 重心位置
キャスタ軸位置　キャスタ軸からの距離　車軸間距離　駆動輪位置
体重計前(kg)　体重計後(kg)

## ◉中に支点があって、左右に重りがあるとき

同じ重さの物が支点から同じ距離にある場合、重りは釣り合って安定します（図1）。

ところが片方の重りが重いと、支点からの距離が同じならば、重い方に傾いてしまいます（図2）。

そこで、重りの重さが違った場合、支点を重い方に近づけると、釣り合って安定します（図3）。

このとき、重りと支点間の距離には、次のような関係があります。

A kg：B kg ＝ b mm：a mm

つまり　$A \times a = B \times b$

左端からの支点距離、すなわちa mmを求めるなら　$a = \dfrac{B \times b}{A}$　となります。

## ◉左右に支点があって、その中に重りがあるとき

同じように、真ん中に重りがあった場合、こんどは左右両端の支点にかかる荷重（かかる重さのことを以降「荷重」といいます）は等しくなります。（図3）では、荷重の位置が右にずれると右側支点の荷重は大きくなり、左側の支点の荷重は小さくなります。（図5）

このとき、重りと支点間の距離には、同様に次のような関係があります。

A kg：B kg ＝ b mm：a mm

つまり　$A \times a = B \times b$

左端からの支点距離、すなわちa mmを求めるなら　$a = \dfrac{B \times b}{A}$　となります。

aは、左端の支点から荷重の中心までの距離を表します。これを利用して、荷重の中心までの距離、すなわち重心位置aを求めることができます。

## ◉実際に重心位置をはかる

しかし、求めたい重心位置aを求めるにあたって、bがわからないとこの式では求めることができません。距離aがわからないと、距離bもわかりませんね。

ここでは、a＋bが車軸間距離であることを利用して、次の関係を導き出します。

$$\frac{a}{a+b} = \frac{A}{A+B}$$　となります。

これは次の式①になります。図5をモデルと

[式①]
重心位置の推定

$$\frac{キャスタ軸からの距離\ mm}{車軸間距離\ mm} = \frac{体重計前\ kg}{体重計前\ kg\ +\ 体重計後\ kg}\ の関係がある式①$$

よって

$$キャスタ軸からの距離\ mm = \left[\frac{体重計前\ kg}{体重計前\ kg\ +\ 体重計後\ kg}\right] \times 車軸間距離\ mm$$

すると、左端の支点がキャスタ軸位置、右端が駆動輪位置になります。

車いすの重心は、この間の車輪間に必ずあると考えられます。したがって、これらの荷重を体重計で測ると、上記の式①のように、キャスタ軸からの距離、すなわち重心位置を求めることができます。

# 車いすの通抜けや通行に必要な幅をはかる

〈課題〉 車いすが、開口部や通路を通り抜けたり、歩行者や車いす使用者とすれ違うときに必要な幅を計測し、その平均値を求めてみよう。

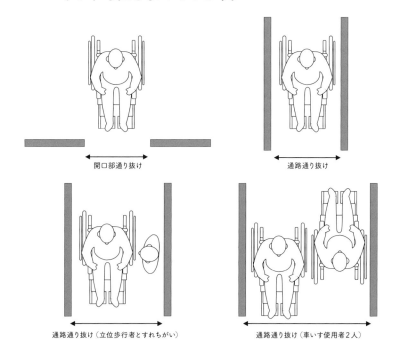

| 自走用標準形（乗った人が自分で操作する） | | | | |
|---|---|---|---|---|
| | 1回目 | 2回目 | 3回目 | 平均値 |
| 開口部通り抜け（車いす1人） | | | | |
| 通路通り抜け（車いす1人） | | | | |
| 通路通り抜け（立位歩行者とすれちがい） | | | | |
| 通路通り抜け（車いす2人） | | | | |
| | | | | 単位mm |

| 介助用標準形（乗った人を介助者が操作する） | | | | |
|---|---|---|---|---|
| | 1回目 | 2回目 | 3回目 | 平均値 |
| 開口部通り抜け（車いす1人） | | | | |
| 通路通り抜け（車いす1人） | | | | |
| 通路通り抜け（立位歩行者とすれちがい） | | | | |
| 通路通り抜け（車いす2人） | | | | |
| | | | | 単位mm |

# 解説

## WORK 8

### 車いすの通り抜けや通行、そして転回に必要な幅をはかる

通抜けに最低限必要な幅について、どのようなはかり方をしただろうか。
次の2つの方法で考えてみる。

1）広い空間から始めてしだいに狭くし、これ以上通れないという広さや幅になったら
　その値を最小値として決定する。
2）狭い空間から始めて、通れないという広さや幅を確かめながら、次第に広くし、
　なんとか通れた時点でその値を最小値として決定する。

　この2つの方法は、どちらも同じ結果になると思われる。しかし筆者の経験では、1）のほうが2）と比較して値は最小となる。その理由として考えられるのは、1）のように、しだいに狭めていく過程で、車いすの操作に車いすに乗っている本人も、介助者も操作に慣れてきて、より狭くなっても通り抜けることができるためと考える。反対に2）は、当初の狭い空間で、ほとんど通り抜けの機会もないので操作にも慣れず、狭い幅には対応できないためだと考えられる。

　実験方法としては、なるべく操作に慣れたあとで、ギリギリの空間への追い込みができる、1）の方法をすすめたい。

　また、実験中に気づく人も多いと思われるが、壁面は右図のように床面に対して垂直にしておく必要がある。わずかな傾きでも、図のように数十mmの誤差となって現れることがある。実際の通路幅の実験では、写真のようにさしがねや三角定規を使用して、パネルの垂直が保たれているかを確認する。パネルをテーブルなどに支持させるときも、垂直を確認しておく。

### 計測してみてわかったこと

　これ以上は通れなくなる、通れそうだが壁

に触れそうであるといったことを感じたり経験することに次のようなパタンがあったかと考える。

### ・通路の壁に手指がふれる

　とくに自走用標準形車いすでは、ハンドリムにふれている手指が壁面にふれたりこすったりすることがある。実際に車いす使用者では、上肢や手指の感覚麻痺がある人は、手指を壁面などにこすりつけてしまっても、あまり痛さを感じないことから大きなけがをしても気づかないことがある。こういう人の場合、ハンドリムが操作できるように指の部分

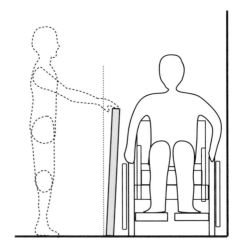

パネルを床面に対して垂直でない持ち方をした場合

は外に出ているので、手の甲の部分だけをおおう手袋をして手を守っている。

**・通路の壁に肘が触れる**

　ハンドリムの操作時に、肘が大きく横に広がり、車いすの側方から100mm以上も外側に突き出すこともめずらしくない。とくに車いすに乗った経験があまりないと、肘を大きく外側へ突き出すようなこぎ方が多く見られる。慣れてくると、ハンドリムの操作では肘をあまり外側に突き出さないほうが効率的に上肢の力をハンドリムに伝えることができることがわかる。それでも腕や手指部分はハンドリムの外側に出てしまう。このことが車いす走行において、通路幅や扉幅が、車いすの最大幅よりもかなり余裕がないと通ることができない理由である。とくに狭い扉幅の部分を通行するときには、一時的に肘を上体側にすぼめて（脇を締めるような動作）通行することはよくある。

**・車いすが走行中にぶれて通路の壁にふれる**

　車いす走行は人が操作すれば、どうしても左右にぶれた軌跡となる。車いすに乗った経験が浅い人や、上肢・体幹に障害がある人は、このぶれが大きい。したがって、まっすぐ走行しているつもりであっても、左右に振れていることから、フットサポートが壁面にふれることも多い。

　これらのことから、　手動車いすの寸法は、JIS T9201において車いすの全幅（最大幅）の最大値を700mmとし、実際の車いす使用者の場合は650mm前後となっている。しかし、「高齢者、障害者等の円滑な移動等に配慮した建築設計標準」建築物の出入り口についての規定において、車いす使用者の通路幅を800mmもしくは900mm、主要な経路上の廊下の幅は、1,200mm（立位歩行者とのすれ違いを想定しているが）以上と大きな幅を求めているのは、このような実態があることによる。

パネル板と床面との垂直をはかっているところ。
「さしがね」という垂直を確認できる定規を使用している。
大きめの製図用の三角定規を使ってもよい。

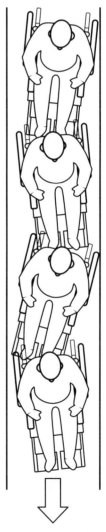

まっすぐに走行しているつもりでも、実際には左右に
ぶれながら走行していることが多い。

<コラム>
# 寸法をはかるとき、どこにメジャーの始点をあてるか

◉これは意外と難しいのです。手すりの高さをはかってきてもらうと、だいたい2種類の寸法が出てきしまいます。なぜこのようなことが起こるのでしょうか。

建築を学んだ人は手すりの中心ではかることが多いと思います。建築では、大きさの単位を2つの材料の中心線と中心線の間（心々）をはかることが多いためです。たとえば、廊下の幅は柱や壁の中心間の距離をはかります。それでは、実際に人が通る廊下幅がわからないではないかという疑問が出てくると思います。そのためにバリアフリー設計では廊下幅は、実際の幅である内法寸法が必要になります。

ところが、医療・看護系や人間工学の分野では、手摺の高さは、上端ではかります。高さの計測において、手すりの太さは問題としていないからです。

◉一方、建築では、施工者に「手すりを高さ750mmで付けてください」といえば、手すりの中心までの高さが750mmとなります。このように医療職と建築職の間では認識が違います。どちらが正しいということはないので、人に頼んだり図面化するときは「手すりの中心で」もし

くは「手すりの上端」まで〇〇mmと伝えるようにしましょう。

◉課題による車いす寸法は、基本的に材料の中心では、はかりません。車いすのハンドリムもリムの金属材料の中心ではなく、外径と内径寸法をはかります。

引き戸を用いた場合の開口幅と有効幅の考え方を図にしてみました。引き戸を開けると、取っ手部分を含む引き残し部分が生じるため、その分、実際に通過できる幅（これを有効幅という）は、開口幅より必ず狭くなります。バリアフリーの計画では、この有効幅の確保が重要となります。

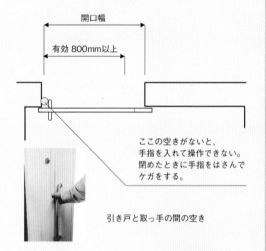

開口幅
有効 800mm以上

ここの空きがないと、手指を入れて操作できない。閉めたときに手指をはさんでケガをする。

引き戸と取っ手の間の空き

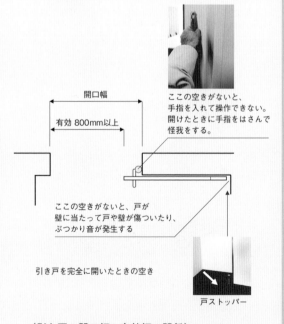

開口幅
有効 800mm以上

ここの空きがないと、手指を入れて操作できない。開けたときに手指をはさんで怪我をする。

ここの空きがないと、戸が壁に当たって戸や壁が傷ついたり、ぶつかり音が発生する

引き戸を完全に開いたときの空き

戸ストッパー

〈引き戸の開口幅と有効幅の関係〉

手すりの中心でわかる
手すりの上端でわかる
床面

手すりの高さをはかる

内法寸法

建築における廊下の幅

廊下の幅をはかる

# WORK 9

車いすが通路を曲がる、
部屋に入るために必要な
通路幅をはかる

〈課題①〉 車いすが直角に通路を曲がる場合の必要な
通路幅を計測しよう。

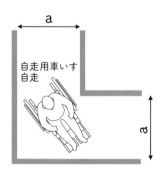

1-1 車いすの種類／自走用標準形
自走は実際に自分で乗って操作する

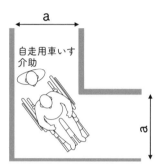

1-2 車いすの種類／自走用標準形
介助（介助者が操作する）

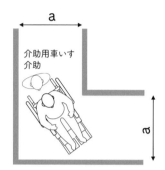

1-3 車いすの種類／介助用標準形
介助（介助者が操作する）

| 車いすの種類／自走用標準形 | | | | 単位mm |
|---|---|---|---|---|
| 1-1　自走（乗った人が自分で操作する） | 1回目 | 2回目 | 3回目 | 平均 |
| 最低限必要な幅(a) | | | | |
| | | | | |
| 1-2　介助（介助者が操作する） | 1回目 | 2回目 | 3回目 | 平均 |
| 最低限必要な幅(a) | | | | |
| | | | | |
| 車いすの種類／介助用標準形 | | | | |
| 1-3　介助（介助者が操作する） | 1回目 | 2回目 | 3回目 | 平均 |
| 最低限必要な幅(a) | | | | |
| | | | | |

①…車いすの走行する通路幅aは、入る側と出る側
どちらも同じ幅にする。

②…aは広い幅から始めて、通れることがわかった
らしだいに狭くしていく。

③…身体や車いすが壁（パネル）に触れそうになって、
これ以上狭くできなくなったら、そのときの幅を
結果として記入する。

④…〈自走（自分で操作）するとき〉
違う人で3回やるか、もしくは同じ人で
3回やってみる。その平均値を記入する。
　…〈介助（介助者が操作）するとき〉
違う介助者で3回やるか、もしくは同じ介助者で
3回やってみる。その平均値を記入する。
車いすに乗る人は、いつも同じ人にする。

〈車いすで通路から部屋に入るために必要な通路とドア幅〉
図のように、実際の住宅などの建築物は、車いすで廊下から部屋に入るときに、
部屋に入れるか入れないかは、廊下などの通路幅、
そして部屋の出入り口の幅（有効幅）の組合せによって決まります。
すなわち、廊下の幅が広ければ、通路幅は狭くても入ることができます。
その逆に通路幅が狭いと、出入り口の幅はかなり広げないと入ることはできません。
ここではこうした通路幅と部屋の出入り口の幅の関係を組み合わせながら、
どのような組み合わせならば入ることができるのか、車いすの種類や
介助者の有無によってどう変わるのかを知ることを目的としています。

通路から部屋へ入る実際のイメージ

〈課題 ②〉　　〈自走用車いす〉で、角のある場所や廊下（通路）から
部屋へ入るために必要な幅をはかろう。

条件1 ▶　　自走用標準形（乗った人が自分で操作する）／評価する人：車いすを操作した人
　　　1. 車いすの走行する通路幅は広い1,000mmから始める
　　　　　1-1. 部屋の入り口幅aも、広い1,200mmから始める
　　　　　1-2. 部屋の入り口幅aを、1,200mmから50mmずつ次第に狭め、700mmまで狭めていく。
　　　　　複数の人が各条件で◎○△×で通った感覚を評価し、最終評価を下表に記入します。
　　　　　（記入する評価記号　◎.楽に通れる　○.こすらずに通れる　△.こすれるが通れる　×.通れない）
　　　　　1-3. aの幅が狭くなって通れなくなったら、そこで終了して、次の2.へ進む。
　　　2.　車いすの走行する通路幅を1,000mmから950mmへと50mm狭くする
　　　　　2-1. 部屋の入り口幅aも、広い1,200mmから始める
　　　　　2-2. 部屋の入り口幅aを、1,200mmから50mmずつ次第に狭め、700mmまで狭めていく。
　　　　　複数の人が各条件で◎○△×で通った感覚を評価し、最終評価を下表に記入します。
条件2 ▶　　自走用標準形（介助者が操作する）／評価する人：介助者
　　　　　車いすの操作者を介助者にして、条件1と同じ方法ではかる。
条件3 ▶　　介助用標準形（介助者が操作する）／評価する人：介助者
　　　　　車いすを介助用に変えて、操作者を介助者にしたうえで、条件1と同じ方法ではかる。

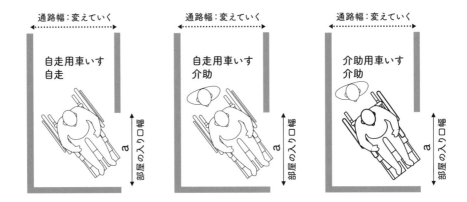

実験条件　一つに○をする

条件1▶　自走用標準形（乗った人が自分で操作する）／評価する人：車いすを操作する人

条件2▶　自走用標準形（介助者が操作する）／評価する人：介助者

条件3▶　介助用標準形（介助者が操作する）／評価する人：介助者

複数の人が下記の条件で通ったときの感覚を「◎○△×」の4段階で評価し、最終評価を表に記入する。

記入する評価記号

◎　楽に通れる　　○　こすらずに通れる　　△　こすれるが通れる　　×　通れない

**通路幅　1,000mm**

| 部屋の出入り口幅 a | 1,200mm | 1,150mm | 1,100mm | 1,050mm | 1,000mm | 950mm |
|---|---|---|---|---|---|---|
| | | | | | | |
| | 900mm | 850mm | 800mm | 750mm | 700mm | |
| | | | | | | |

**通路幅　950mm**

| 部屋の出入り口幅 a | 1,200mm | 1,150mm | 1,100mm | 1,050mm | 1,000mm | 950mm |
|---|---|---|---|---|---|---|
| | | | | | | |
| | 900mm | 850mm | 800mm | 750mm | 700mm | |
| | | | | | | |

**通路幅　900mm**

| 部屋の出入り口幅 a | 1,200mm | 1,150mm | 1,100mm | 1,050mm | 1,000mm | 950mm |
|---|---|---|---|---|---|---|
| | | | | | | |
| | 900mm | 850mm | 800mm | 750mm | 700mm | |
| | | | | | | |

**通路幅　850mm**

| 部屋の出入り口幅 a | 1,200mm | 1,150mm | 1,100mm | 1,050mm | 1,000mm | 950mm |
|---|---|---|---|---|---|---|
| | | | | | | |
| | 900mm | 850mm | 800mm | 750mm | 700mm | |
| | | | | | | |

**通路幅　800mm**

| 部屋の出入り口幅 a | 1,200mm | 1,150mm | 1,100mm | 1,050mm | 1,000mm | 950mm |
|---|---|---|---|---|---|---|
| | | | | | | |
| | 900mm | 850mm | 800mm | 750mm | 700mm | |
| | | | | | | |

**通路幅　750mm**

| 部屋の出入り口幅 a | 1,200mm | 1,150mm | 1,100mm | 1,050mm | 1,000mm | 950mm |
|---|---|---|---|---|---|---|
| | | | | | | |
| | 900mm | 850mm | 800mm | 750mm | 700mm | |
| | | | | | | |

**通路幅　700mm**

| 部屋の出入り口幅 a | 1,200mm | 1,150mm | 1,100mm | 1,050mm | 1,000mm | 950mm |
|---|---|---|---|---|---|---|
| | | | | | | |
| | 900mm | 850mm | 800mm | 750mm | 700mm | |
| | | | | | | |

## WORK 9

# 解説

## なぜ、実際に曲がるために必要な空間は大きくなるのか

　車いすの寸法に比べ、実際に曲がるために必要な空間が大きく異なる理由は、次のような要因にある。自走用標準形車いす使用者自身の身体機能、疲労や、車いすを押す介助者の慣れ・経験によって、走行時に走行軌跡が左右に振れるなどのぶれが生じる。これは、前のWork8よりもさらに顕著になる。曲がり動作が必要な空間では、しばしばフットサポートが壁や扉枠にぶつかることがある。

**車いすで入る通路の幅と出る通路の幅が同じ場合**

　今までの実験から、日本における一般的な住宅の廊下幅(有効幅750mm前後)では、自走用標準形車いすにおいて直角に曲がることは、自走においても、介助者がいてもほぼできない。しかし、後輪が小さく、全長が短い介助用標準形車いすでは可能な場合もある。本書では触れていないが、前後輪とも小型のキャスタが付いている浴室用移動用いすなどは十分に曲がって通れることがわかっている。

　自走用標準形車いすにおいて、直角の通路を曲がるためにはおおむね850mm程度の幅が必要と実感したかも知れない。ただし、有効寸法で850mmを確保することは、日本の一般住宅では難しい。

**車いすで入る通路の幅と出る通路の幅が異なる場合／車いすで通路から直角に曲がって扉を通って室内に入る場合**

　通路を直角に曲がるときの内法寸法は、通路の角に直角に入っていくときの通路幅が大きければ、角を出て行く先の幅は小さくてもよい。この関係が逆でも、入るときに小さくとも、出て行く先が大きければ通れる。

　この組合せは無限にある。廊下から部屋に入るときの廊下幅と部屋の出入り口幅との関係は、本書執筆時点でこれに関する国交省などの標準寸法が存在しないため、設計者は試行錯誤を繰り返してこの寸法を見いだしている。

　合理的な最適な入り幅と出幅の組合せとして、次のようなものが考えられる。

・入るときの幅、出るときの幅の2つを意図的に変えて、通路に必要な面積を最小とする組合せを見いだすことである。すなわち、全体の通路に必要な床面積を最小にする方法である。しかし実際に設計すると、さまざまな通路幅が混在し、工法は複雑化しコストアップにつながると考えられる。

・入るときの幅、出るときの幅を同じにするのは、建築構法上も無理がない。しかし、通路幅を有効850mm以上を確保する計画は難しく、建設費も高くなる。

・入るときの幅、もしくは出るときの幅(室内入り口幅)のどちらかを、一般的な住宅の幅とし、通路の一部を例外的に幅を広げることが現実的である。そうすることで、一般的な日本住宅の寸法体系で対応することができる。実際のバリアフリー住宅設計例を見るとこのような方法を採用しているところが多い。

# WORK 10

〈課題〉

## 杖、車いす、ベビーカーの使用者が通り抜けや通行に必要な通路幅をはかる

下記に示した通過寸法、動作寸法、すれ違い寸法をはかる。

両杖使用者が通過できる幅mm
松　葉　杖：（　①　）
ロフストランド：（　②　）

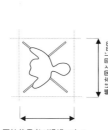

両杖使用者が通過できる
進行方向における最大mm
松　葉　杖：（　③　）
ロフストランド：（　④　）

車いす、両杖使用者が
通過できる幅mm
松　葉　杖：（　⑤　）
ロフストランド：（　⑥　）

片杖使用者が通過できる幅mm
松　葉　杖：（　⑦　）
ロフストランド：（　⑧　）

T字杖使用者が通過できる幅mm
T字杖：（　⑨　）

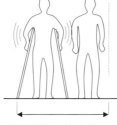

両杖使用者、立位歩行者が
すれ違いができる幅mm
松　葉　杖：（　⑩　）
ロフストランド：（　⑪　）

ベビーカー移動に必要な
保護者を含めた全長mm
全長：（　⑫　）

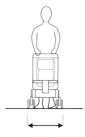

ベビーカー移動に必要な幅mm
横幅：（　⑬　）

| 両杖使用者が通過できる | | | |
|---|---|---|---|
| 松葉杖 | ① 幅　　　　mm | ③最大　　　　mm | |
| ロフストランド | ② 幅　　　　mm | ④最大　　　　mm | |
| 車いす、両杖使用者が通過できる | | | |
| 松葉杖 | ⑤ 幅　　　　mm | | |
| ロフストランド | ⑥ 幅　　　　mm | | |
| 片杖使用者が通過できる | | | |
| 松葉杖 | ⑦ 幅　　　　mm | | |
| ロフストランド | ⑧ 幅　　　　mm | | |
| T字杖使用者が通過できる | ⑨ 幅　　　　mm | | |
| 両杖使用者、立位歩行者がすれ違い | | | |
| 松葉杖 | ⑩ 幅　　　　mm | | |
| ロフストランド | ⑪ 幅　　　　mm | | |
| ベビーカーと保護者 | ⑫ 全長　　　　mm | | |
| ベビーカー移動 | ⑬ 幅　　　　mm | | |

## WORK 10

# 解説
## 杖・車いす・ベビーカーで、通り抜けや、通行に必要な幅

両杖使用者の場合、J思いの外、
大きな幅を必要とする

杖使用者やベビーカー使用者について、車いすの場合と同様な実験をした場合どのようになるか。単なる通行幅だけで比較してもさまざまなことがわかる。とくに杖使用者は車いす使用者と比較してその不便さ、安全性に言及されることは少ないが、設計において十分考慮しなければならない対象である。その要点は、次のようなものである。

・杖使用者は、通行に意外と大きな幅が必要である。安全な通行のためには、車いすよりも大きな幅を必要とする人も多い。

・杖使用者といってもさまざまな使用形態（片杖、両杖）があり、さらに人によっては杖を大きく外側に振り出して進む人もいる。こうした

実験は実際の使用者がいないと再現しにくいが、杖などの利用者の特性をよく知っている人が周囲にいれば、使い方を教えてもらうとよい。

・杖使用者は、車いす使用者と比較して転倒しやすい。不安定な歩行を杖によって補助して歩行しているため、自身の足だけでなく杖自体が床面の滑り、つまずきによって転倒する危険性が高い。杖は、物や通行人にわずかに触れただけでも使用者は容易に転倒する。こうした人々が快適に安全に利用できるスペースを確保するのに必要な要件はなにかを考えてみる。

---

〈コラム〉
## 階段かスロープの二者択一を越えて

1970年代以降、
バリアフリーとデザインの
融合の事例として
紹介されることが多い
らせん形スロープも、
杖だけでなく車いすでも
使用しにくい
（スウェーデン・ストック
ホルム市内）

●一般にバリアフリー設計と思われているスロープだが、下肢障害があるが歩行ができる杖等使用者などには、通行がむずかしい。目的の場所にたどり着くまでに、階段に比べ長い距離を歩く必要があり、さらに滑りやそれによる転倒の危険性が高いからです。とくにスロープを下るときには、滑りだけでなく、つまずきによる転倒も起こりやすく、できれば通りたくないと感ずる人は多くいます。

●こうした人々は数段の段差であれば、階段を使って手すりにつかまりながら、一段ずつ

昇降するほうがむしろ使いやすいと感じています。階段かスロープかという二者択一ではなく、利用者が自分に合った経路を選択できるような環境設定をすべきです。

●なお、日本においてもときどき見かけるらせん状のスロープは、進行方向に向かって左もしくは右にどうしても路面に傾きが生ずるため、外観上は美しいデザインであっても実際は機能的ではありません。

## WORK 11 車いすで越えられる段差とその力をはかる

〈課題 ①〉 自走用、介助用車いすを用いて、5mm刻みで
30mmまでの5段階の段差をつくり、前向きと後ろ向きで
乗り越えられるかを試してみよう。評価の仕方は、
「まったく上がれない」から「楽に上がれる」の4段階です。

段差高さ

普通に前進して段差越え

後退して段差越え

記入する評価記号
◎…楽に上がれる　○…ふつうに上がれる　△…もう少しで上がれそう　×…まったく上がれない

〈前向き〉　前輪キャスター上げの動作をしないように

| 自走用標準形（乗った人が自分で操作する）　評価する人：乗っている人 | | | | | | | |
|---|---|---|---|---|---|---|---|
| 段差 | 段差なし | 5mm | 10mm | 15mm | 20mm | 25mm | 30mm |
| 評価 | | | | | | | |

| 自走用標準形（乗っている人を押す）　評価する人：介助している人 | | | | | | | |
|---|---|---|---|---|---|---|---|
| 段差 | 段差なし | 5mm | 10mm | 15mm | 20mm | 25mm | 30mm |
| 評価 | | | | | | | |

| 介助用標準形（乗っている人を押す）　評価する人：介助している人 | | | | | | | |
|---|---|---|---|---|---|---|---|
| 段差 | 段差なし | 5mm | 10mm | 15mm | 20mm | 25mm | 30mm |
| 評価 | | | | | | | |

〈後ろ向き〉

| 自走用標準形（乗った人が自分で操作する）　評価する人：乗っている人 | | | | | | | |
|---|---|---|---|---|---|---|---|
| 段差 | 段差なし | 5mm | 10mm | 15mm | 20mm | 25mm | 30mm |
| 評価 | | | | | | | |

| 自走用標準形（乗っている人を押す）　評価する人：介助している人 | | | | | | | |
|---|---|---|---|---|---|---|---|
| 段差 | 段差なし | 5mm | 10mm | 15mm | 20mm | 25mm | 30mm |
| 評価 | | | | | | | |

| 介助用標準形（乗っている人を押す）　評価する人：介助している人 | | | | | | | |
|---|---|---|---|---|---|---|---|
| 段差 | 段差なし | 5mm | 10mm | 15mm | 20mm | 25mm | 30mm |
| 評価 | | | | | | | |

〈課題 ②〉 　　段差を越えるためにどれだけの力が必要なのか。

　　　　　　　人が乗った状態で、ばねばかりを用いて計測してみよう。

動き出すときの最大の力をはかる。引っ張る方向は、床面と平行にする。
段差に前輪や後輪が触れている状態で開始する。

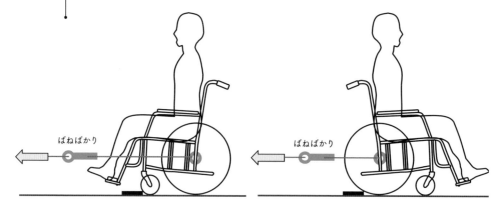

普通に前進して段差越え　　　　　　　　　後退して段差越え

 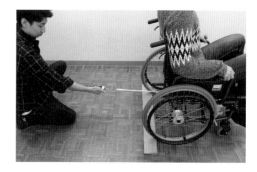

段差にぴったりと車輪を当てて、静止状態から実験を行う。
前輪または後輪が両輪とも当たっていること。
床面と水平に引っ張ること。人が乗っている状態で実験する。
乗車している人はハンドリムを操作しない。

**自走用標準形**（人が乗っている状態）

| 段差 | 段差なし | 5mm | 10mm | 20mm | 25mm | 30mm |
|---|---|---|---|---|---|---|
| 前向き引っ張り力 | | | | | | |
| 後ろ向き引っ張り力 | | | | | | |

単位kg

**介助用標準形**（人が乗っている状態）

| 段差 | 段差なし | 5mm | 10mm | 20mm | 25mm | 30mm |
|---|---|---|---|---|---|---|
| 前向き引っ張り力 | | | | | | |
| 後ろ向き引っ張り力 | | | | | | |

単位kg

※20kgはかれるばねばかり、さらに20kgを超えることもあるので、50kgまではかれるものも用意するとよい
（20kgの製品は目盛りが細かく、50kgのものより正確にはかれる）。ネット上で容易に購入できる。また、
デジタルタイプのはかりを用いると最大数値が記録されるので、計測上のメリットは高い。

# 解説

## 車いすで越えられる段差と
## その力からわかること

・・・・・・・・・・・・・・・・・・・・・・・・・・・・・・・・・・・・・・・・・・・・・・・・・

**標準設計では、許容段差が20mmとなっているが、**
**実際に体感して、それは無理なく越えられる値であるだろうか。**

・・・・・・・・・・・・・・・・・・・・・・・・・・・・・・・・・・・・・・・・・・・・・・・・・

　ここまでの実験によって、車いす使用時には段差を意識する必要があることを実験者は気づいている。すでに前輪キャスタの半径より大きな段差を乗り越えられないことを述べているが、これは事実であろうか。現実にはこの高さを超える段差を車いすで越えられる人がいる。それでは、どれほどの段差を越えることができるのか。

　実験では自走車いす操作に熟練していない人が乗ると思われる。まずは、それぞれの段差における試行により、現実的には段差がどれくらいまでなら許容できるのかを知ることが必要である。標準設計に記載されている許容段差20mmは意外と大きな段差であることがわかる。上肢、体幹に障害のない人であっても、勢いをつければキャスタが段差につまずき、乗っている人が前方に放り出されることもある。

　何人かは、通称「キャスタ上げ」といわれる、車いす使用者自らが上体を後方に反らして瞬間的にキャスタを上げ、それと同時にハンドリムを操作して前進する方法を試みる人もいるかもしれない。しかし、実験の指導者はこれを積極的に実験者にすすめるのは、事故予防の観点から適切ではない。現実の車いす使用者は、こうした「裏技」を使えない人が大半だからである。

　ここではふつうの人が、ふつうに使用した感覚を評価すればよい。わずかな段差がいかに大きな障壁となるのかを体験することが目的である。

　なお、ここでは後輪側から後方に進んで段差越えをする方法も紹介している。比較的大きな段差にも対応できるといわれているが、実際に試行してみるとこの操作は容易ではないことがわかる。

　その後、段差を越えるために必要な力をばねばかりを使って計測し、その容易さ困難さを数値によって把握してみることは、平地走行と比較して段差越えの困難さを客観的に裏づける根拠となる。この力を出すために必要な力については、本章の最後においても力学的観点からあらためて述べる。

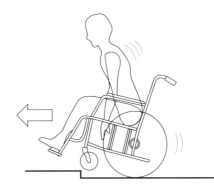

キャスタ（前輪）上げによる段差越え
前輪をもち上げることができると、その半径よりも大きな段差を乗り越えられることがある。

## ●住宅の段差

　建築基準法では、最下階の居室の床の高さが木造である場合、直下の地面(GL)から450mm以上とされています(同施行令22条)。これは、わが国の気候風土では、地盤面からの湿気によって床下や床そのものが腐食しやすく、カビなどの発生が危惧されるからです。ところが、現在住宅の床の高さはそれを越え、550mm以上になっています。

　このことは、住宅のバリアフリー環境づくりに大きな影響を及ぼします。地盤面から玄関に入って、1階の床まで最低でも450mmあるのですから、これは車いす使用者にとって大きなバリアになります。

　さらに1980年代ごろになると、低地における水害対策としても有効とされ、道路から地盤面まで1,000mmを超えることもめずらしくありません。2000年の東海豪雨では、名古屋市内をはじめとした中京地域に大水害を引き起こしました。その時以来名古屋では新築、改築において、地盤面を大きくかさ上げする家が増え、その後バリアフリーにしたいと思っても困難なことがあるといいます。

　一方、同施行令では、いわゆる「土間コンクリート」という床下をコンクリートなどによって地面から発生する水蒸気によって腐食しないものなど、十分な防湿対策をすれば

床の高さが450mm以上に
かさ上げされた住宅

床の高さは450mmなくてもよいとします。筆者は、地盤面からの床段差が100mm以下のバリアフリー住宅を見学したことがあります。雨後の訪問ではありませんでしたが、やはり畳面は湿った印象を受けました。建築物の耐久性、住む人の健康の観点からはわが国の場合、ある程度の床段差は必要だと思います。それは、バリアフリーの観点からは矛盾していますが、屋外から屋内への段差解消はわが国にとって大きな課題として今後も残るだろうと思います。

## ●道路の段差

　国土交通省令第116号「高齢者、障害者等の移動等の円滑化の促進に関する法律」のうち、移動等円滑化のために必要な道路の構造に関する基準を定める省令が定められています。

　それによると、図のように車両等からは、①150mmの高さで人を守るが、②歩道自体の高さは50mmくらいにして、③歩道と道路がつながるところ(横断するところですね)は20mmくらいにすることになります。

　20mm程度の段差であれば、屋外はバリアフリーになっていると解釈されています。ということは、利用者から見ると20mmの段差が越えることができなければ、外を歩いたり車いす走行ができないことになります。(関連コラム、p.43電動車いすも参照)。

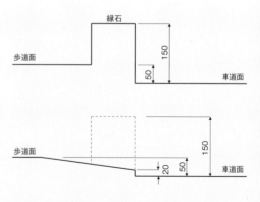

歩道と車道部分をつなぐ箇所の断面

# ７ ── スロープ（傾斜路）のワークに入る前に

　スロープとは、建物へのアプローチに存在する大きな段差を、高齢者・車いす使用者などへの配慮として、解消するための傾斜路のことです。建物用途などによって、傾斜角度の基準が設けられています。

　これからスロープを用いた実験に入りますが、その前に、簡易なスロープのつくり方と角度計そして、スマートフォンアプリを用いて、スロープの傾斜角度のはかり方を見ておこう。

### スロープ（傾斜路）をつくる

　正確に1/8、1/12、1/15、1/20などのスロープを設定したいときには、図のような方法で自作します。

　車いすが乗っても板面が曲がらないように補強材を入れます。これによって、接地面との間に段差ができてしまいますが、本実験ではスロープに車いすを乗せた状態からはじめるので問題はありません。

　図のように設置場所に床段差があればそれを利用すると安定させることができます。

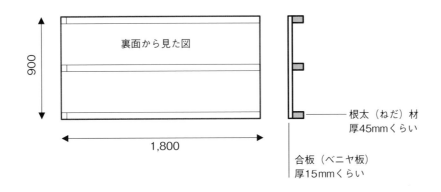

裏面から見た図

900

1,800

根太（ねだ）材
厚45mmくらい

合板（ベニヤ板）
厚15mmくらい

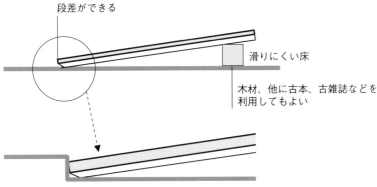

段差ができる

滑りにくい床

木材、他に古本、古雑誌などを
利用してもよい

床段差を利用して設置すると安定する。
また、スロープ面に上がるときの段差も少なくなる。

傾斜路（スロープ）の傾斜は、写真1のような角度計もしくはデジタル角度計を用いて測定します。写真1の上にある角度計は重りによって、目盛りをさす針が常に地面から垂直に上に向くことを利用して、分度器と同じ目盛りによって角度を読み取ります。精度は1°の誤差範囲に納まります。

写真1の下のデジタル角度計は、角度センサーを内蔵していて、0.1°の単位まで読み取ることができます。

なお、最近では、スマートフォンに内蔵されている角度センサを利用して角度計（傾斜計）として利用するアプリが多くあります。写真2は、その一例です。0.1°単位まで読み取れますが、精度は保証されていません。しかし、筆者が使用したところ、使用するスマートフォン本体内蔵のセンサの性能にもよりますが、比較的正確に角度を示していました。

### 傾斜を表す表現

角度計などで示される「°」(degree)が一般的です。しかし建築・土木分野では、分数で表記します。たとえば、水平に8m行って、垂直に1m上がれるようなスロープの傾斜は「1/8」と表記します。

これについては、p.65を参照してください。

［写1］角度計とデジタル角度計

［写2］スマフォアプリは、スマートフォンのセンサを利用したものだ

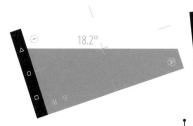
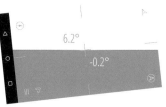
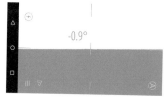

水準器　NixGame

〈簡易角度測定機能◉スマートフォンアプリの紹介〉
スマートフォン内蔵のセンサを使って、
簡易角度測定機能をもたせるアプリを無料で入手できる。
アプリ提供サイトで「角度計」「水準器」などで検索すると、
数多くの候補が示される。
従前からある機械式の分度器型と比較して、
制度がよいものもある。アプリの機能にある、
水平（ゼロ度）位置における校正をぜひともやっておきたい。

# WORK 12

## 車いすで異なる角度のスロープを体験し、スロープ上で位置を保つために必要な力をはかる

〈課題 ①〉　身近なスロープの傾斜をはかり、車いすで上ってみよう。

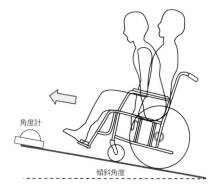

角度計

傾斜角度

スマホを用いて、スロープの傾斜を
はかっているようす。

傾斜角度と上れたかを評価して、ひとりの被験者が各条件で
「◎○△×」で評価し、最終評価を下表にまとめる。

記入する記号

◎…ふつうに上れる　　○…距離1m程度は上れた　　△…少しだけ上れた　　×…まったく動かない

| 自走用標準形（乗った人がいる状態） | | | | | |
|---|---|---|---|---|---|
| 場所 | 傾斜角度 | 1回目 | 2回目 | 3回目 | 4回目 |
| | | | | | |
| | | | | | |
| | | | | | |
| | | | | | |
| | | | | | |

| 介助用標準形（乗った人いる状態） | | | | | |
|---|---|---|---|---|---|
| 場所 | 傾斜角度 | 1回目 | 2回目 | 3回目 | 4回目 |
| | | | | | |
| | | | | | |
| | | | | | |
| | | | | | |
| | | | | | |

〈課題 ②〉　スロープの途中で、車いすの位置をたもつために
必要な力を計測しよう。

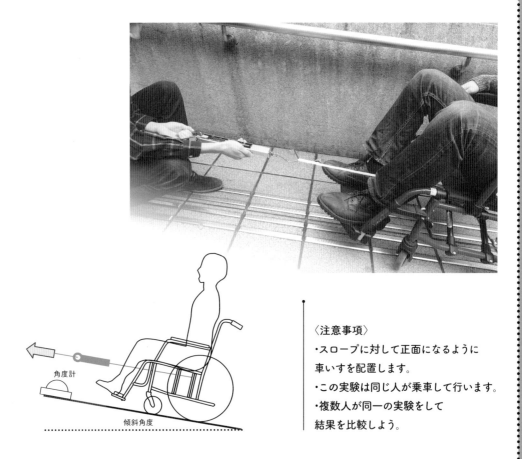

〈注意事項〉
・スロープに対して正面になるように
車いすを配置します。
・この実験は同じ人が乗車して行います。
・複数人が同一の実験をして
結果を比較しよう。

角度計

傾斜角度

**自走用標準形**（乗った人がいる状態）

| 場所 | 傾斜角度 | 1回目 | 2回目 | 3回目 | 4回目 |
|---|---|---|---|---|---|
|  |  | kg | kg | kg | kg |
|  |  | kg | kg | kg | kg |
|  |  | kg | kg | kg | kg |
|  |  | kg | kg | kg | kg |
|  |  | kg | kg | kg | kg |

**介助用標準形**（乗った人いる状態）

| 場所 | 傾斜角度 | 1回目 | 2回目 | 3回目 | 4回目 |
|---|---|---|---|---|---|
|  |  | kg | kg | kg | kg |
|  |  | kg | kg | kg | kg |
|  |  | kg | kg | kg | kg |
|  |  | kg | kg | kg | kg |
|  |  | kg | kg | kg | kg |

**WORK 11**

# 解説 〈課題 ①〉について

# 代表的なスロープを知り、車いすを保つために必要な力をはかる

傾斜角度の少しの違いが、利用者にとっては大きな違いとなる。
そのことを体感できただろうか。

## 1/8

　建築基準法施行令第26条（階段に代わる傾斜路の勾配は、1/8をこえないこと）による建築物において許容される最大の傾斜。地下の駐車場、大型ショッピングセンターの駐車場などに設置されていることが多い。通常歩行者は利用しないが、実際に歩いてみるとかなりの負担があることがわかる。筆者は手動車いすに乗ってこの傾斜を昇降したことがあるが、ハンドリムをこぎ出しても後輪がスリップするか、前輪がもち上がって、後方に転倒しそうになった。建築基準法の範囲内とはいえ、車いす使用者は利用できないばかりか危険でさえある。なお、電動車いす（p.43コラム参照）では、上る力は十分にあるが、重心がやや高いこともあって、後方転倒の危険がある。

## 1/12

　バリアフリー法（建築物移動等円滑化基準）により定められたスロープ勾配の上限。歴史的には、障害をもつ人々が住みやすいまちづくりを推進することを目的として、1969年に国際リハビリテーション協会（RI）により採択された国際シンボルマークでは、スロープの傾斜を1/12とすることが、マークを掲げる条件のひとつとなっている（公益財団法人日本障害者リハビリテーション協会による）。その根拠は明らかになっていないが、筆者の実験では1/12のスロープを実用的に上がれる自走用車いす使用者は、ほぼ両上肢や体幹部分に障害がない、若い男性の車いす使用者に限られることがわかった。1/12のスロープを自走によって使える人は、実態として車いす使用者の中でも一部の人に限られる。

## 1/15

　バリアフリー法（建築物移動等円滑化誘導基準）により定められた屋外スロープの勾配の上限。各地のバリアフリー条例では、傾斜路として一般化した1/12にかわって、より多くの人が使いやすい1/15を標準的な傾斜の上限としているところがある。1/12との差は、わずかなようだが、利用者にとって大きな違いがあることが、本書の実験を実施してみると、よくわかるはずだ。

## 1/20

　勾配ははるゆるくなるが、その分、傾斜路の長さが長くなる。たとえば、1階床から2階床へ3mの階高があるなら、これを1/20で上ろうとすると60mという長大なスロープが必要になる。そのため、屋外スロープや公園施設などでは推奨されているものの、屋内で使用されている例はたいへん少ない。

## スロープに関するまとめ

　スロープの設置は、現実には高くても1m以内か、数十cm程度の段差解消の手段に限定すべきだと思う。それを超える場合、各階への移動は、エレベーターの使用が前提となる。

# 〈課題 ②〉について

計測値をもとに、
車いすの位置を保つことの負担感と引張り力の関係を知る。

車いすに乗っている人を、スロープの途中から引っ張る実験をやってみた。バネばかりにかかる引張り力(計測数値)は、そのまま引っ張っている者が感じる負担感となっている。

〈計算で求めてみよう〉

仮に、引っ張る車いすの重さが1kgとする。単純なモデルとして考えるため、斜面との転がり摩擦などの摩擦はないものとする。

すると、図1のように、引張り力(kg)＝ sin θ ×1(kg)となる。当然のことながら、傾斜角度θが大きくなるほど引張り力が必要になってくる。角度と、引張り力との関係をグラフに表すと、図2のようになる。角度が45°程度までは、ほぼ直線的に引張り力は大きく必要になる(角度が45°なら約0.7kg)。それ以上になると角度が増加してもさほど大きくならない。45°のような大きな角度のスロープは日常見かけることはないが、図3のように大きな段差を越えなければならな

キャスターが上がれない段差　　ミニスロープ(すりつけ板)

[図3] ミニスロープにおいて、大きな傾斜角を
上がることがある場面

いときに、簡易的にミニスロープが設置されることがある。このようなときに傾斜角は45°程度になり、一時的にせよ大きな力で引っ張る必要があることがわかる。

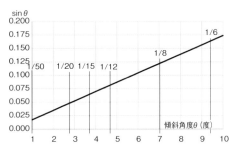

[図4] 車いすの重さ1とした場合の傾斜角による必要な
引張り力(図1の角度10°以下部分拡大)

つぎに、もっとも外部空間や建築物において見られることが多い、傾斜が1/8以下のスロープ(角度7.1°程度)(p.64、65参照)の部分について、図2網掛け部分を拡大したものが図4である。

建築基準法においてもっとも大きな傾斜である1/8において、車いすの重さの0.125倍程度の力が、1/12では0.08倍程度、1/15では0.065倍程度へと減少していくことがわかる。

◉ただし、実際には、路面に滑り止めの凹凸があったり、車いす自体の転がり抵抗があるため、この値よりも大きな力が必要となる。路面の状態が異なる傾斜路や、車いすの種類によっても変化があることを確認できるとよい。

＊物体が動き出すときには、動き出す瞬間に大きな力が必要となる。このケースは、停止している車いすが傾斜を下がっていかないように維持するための力であり、正しくは駆動するときに必要な力ではない。くわしくは、p.69参照。

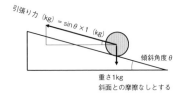

[図1] 傾斜路における車いすの重さと、それを
駆動するのに必要な引張り力＊

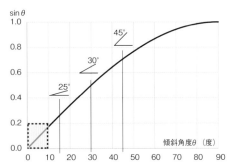

[図2] 車いすの重さ1とした場合の傾斜角による
必要な引張り力

# 傾斜を表す表現

## ●傾斜を表す表現

参考　角度の表現

　建築・土木分野：　分数で表す　例：1/12

　機械分野　　　：角度（度、またはラジアン）で表す。

例：4.8°

勾配の分数表現＝　c：上がった高さ／　a：水平距離の長さ

相互の関係を計算で求める。

$\tan\theta = c/a$

よって、$\theta = \tan^{-1}(c/a)$

## ●考えよう

1）15m進んで0.5m上るスロープは、何分の一の勾配でしょう？

2）それは角度（度）で表すと、何度となりますか？（右表を参照）

0.5m

15m

## ●勾配と角度の早見表について

　表計算ソフト（エクセル®）を使用し、勾配（何分の一）を角度（度）に変換する関数を使用してつくってみました。

　興味ある人は、ATAN関数やDEGREE関数を使って、自分のパソコンでつくってみてください。

### 勾配と角度の早見表

| 勾配 c/a | 小数表記 c/a | 角度（度）$\tan^{-1}(c/a)$ |
|---|---|---|
| 1 | 1 | 45 |
| 1/2 | 0.5 | 26.6 |
| 1/3 | 0.333 | 18.4 |
| 1/4 | 0.25 | 14.0 |
| 1/5 | 0.2 | 11.3 |
| 1/6.0 | 0.167 | 9.5 |
| 1/6.5 | 0.154 | 8.7 |
| 1/7.0 | 0.143 | 8.1 |
| 1/7.5 | 0.133 | 7.6 |
| 1/8.0 | 0.125 | 7.1 |
| 1/8.5 | 0.118 | 6.7 |
| 1/9.0 | 0.111 | 6.3 |
| 1/9.5 | 0.105 | 6.0 |
| 1/10.0 | 0.1 | 5.7 |
| 1/10.5 | 0.095 | 5.4 |
| 1/11.5 | 0.087 | 5.0 |
| 1/12.0 | 0.083 | 4.8 |
| 1/12.5 | 0.08 | 4.6 |
| 1/13.0 | 0.077 | 4.4 |
| 1/13.5 | 0.074 | 4.2 |
| 1/14.0 | 0.071 | 4.1 |
| 1/14.5 | 0.069 | 3.9 |
| 1/15.0 | 0.067 | 3.8 |
| 1/15.5 | 0.065 | 3.7 |
| 1/16.0 | 0.063 | 3.6 |
| 1/16.5 | 0.061 | 3.5 |
| 1/17.0 | 0.059 | 3.4 |
| 1/17.5 | 0.057 | 3.3 |
| 1/18.0 | 0.056 | 3.2 |
| 1/18.5 | 0.054 | 3.1 |
| 1/19.0 | 0.053 | 3.0 |
| 1/19.5 | 0.051 | 2.9 |
| 1/20 | 0.05 | 2.9 |
| 1/25 | 0.04 | 2.3 |
| 1/30 | 0.033 | 1.9 |
| 1/35 | 0.029 | 1.6 |
| 1/40 | 0.025 | 1.4 |
| 1/45 | 0.022 | 1.3 |
| 1/50 | 0.02 | 1.1 |
| 1/100 | 0.01 | 0.6 |

＝1/100

＝DEGREE(ATAN(1/100))

ATAN：アークタンジェント（ラジアン単位）

DEGREE：ラジアン単位をど単位に変換したもの

# 8 — 車いすを動かす推進力 (トルク) について

かねばかりを用いて、車いすで、段差を越えるときに必要な力や、スロープを上るときに必要な力をはかりました。

この車いすを推進させる力を「トルク」と呼び、それは図のように定義されます。長さ1mの棒を直角にシャフトに付けて、1kgの力を加えたときに動き始めたとき、

$1kg \cdot m (= 9.8N \cdot m)$　　　　となる。

車いすを走行させるときに左図のどちらではかってもよい。

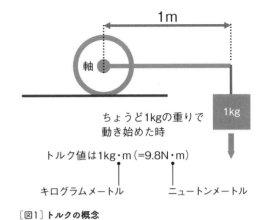

ちょうど1kgの重りで
動き始めた時

トルク値は1kg・m (=9.8N・m)

キログラムメートル　　　ニュートンメートル

［図1］トルクの概念

---

［演習 (単位を書くこと)］
図1で、棒が3m、重りが2kgで車輪が回り出したとき、トルク値は、どうなるか。
同様に、図1で、棒が0.5m、重りが3kgで車輪が回り出したとき、トルク値は、どうなるか。

---

［実験①］
人が乗って車いすが動き出すとき、ハンドリムのところで、どれくらいのトルク値を必要とするか。
・ばねばかりの値 (単位:kg) ①
・車いす (中心位置) からハンドリムまでの
　距離 (単位:　m) ②
**トルク値の計算**

［実験②］
同じ人が乗っているときに、図3のように
車軸を外から引っ張ると、どのくらいの
引っ張り力で動き始めるか。実測してみよう。

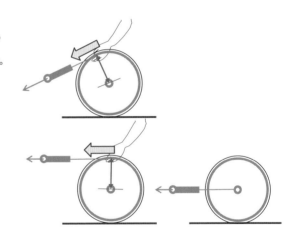

［図2］車いすが動き出すときのトルク値

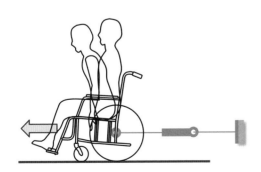

［図3］車いすの車軸を外側から引っ張る

## 車いす走行とトルク

　ここでは、古典的な研究をもとに、車いすの走行とトルクの関係をみてみよう。

　平地で走行速度が増すにつれてトルクが必要となりますが、それを示すグラフが図4です。さらに、砂利道走行（速度不明）では、トルク値が格段に上昇してることが読み取れます。

　図5は、登板走行、すなわち傾斜走行において必要なトルク値を表しています。速度の違いで3つのグラフありますが、いずれもトルク値は傾斜角度に比例しています。

　図6は前輪キャスターと操作車輪（後輪）の2つについて必要なトルク値が示されています。これもそれぞれ段差高さに比例しています。

　図7は路面や床面の条件ごとに必要なトルク値を表していますが、わずか2cm程度であっても、段差越えにおいてはかなり高いトルク値が必要なことがわかります。屋外走行のためには、おおむね3kg m以上のトルク値を出せる能力が必要であると著者らは述べています。

　なお、筆者らは車いす使用者と身体機能と、各種環境下において必要な要件を次のようにまとめています。

　車椅子最小トルクである3kgm以上を出力できたのは、手指の把持機能が部分的に残存し、上腕三頭筋が機能する$C_7$、$C_6$では、2cmの段差乗り越えができず、さらに$C_5$では、砂利路面と1/8の登板走行ができなかった。

p.68答え
［演習］　6kg・m、1.5kg・m
［実験①］　（①×②)kg・m（トルク値）

［引用］田中理、伊藤利之、飯島浩ほか：
車椅子駆動の動作分析　駆動トルクと筋活パタン、
総合リハビリテーション10巻2号、医学書院、
pp.251-257、1982年2月

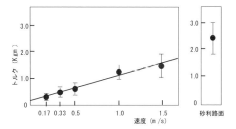

［図4］平地走行に必要なトルク

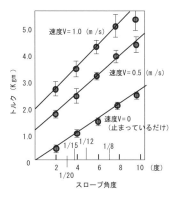

［図5］登坂走行に必要なトルク

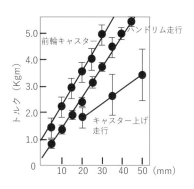

［図6］段差乗り越え必要なトルク

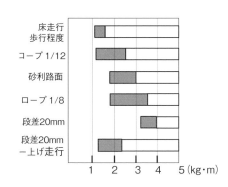

［図7］車いす駆動に必要な最小トルク（グレー色の範囲）

Ⅰ

運動・移動と環境

## スマートフォンアプリを
## ダウンロードする際の一般的な注意

　本書の課題では、スマートフォンの無料アプリを用いる場合があります。その際、気を付けていただきたいことがあります。

　多くの無料アプリは広告表示などで収益を得ています。そのこと自体は悪いことではありません。しかしアプリ作成者の意図とかかわらず、機器に不調があるかのような表示をして対策ソフトと称するものをインストールさせようとするものも見られました。また、ゲームソフトなど（有料、無料ともにあり）をインストールするよう促されるものは、こうした広告ではごく普通にみられます。

　一般的にこうしたアプリのダウンロードはウィルスを仕組まれたり、スマートフォン内の個人情報をとられたりするリスクがあることに変わりはありません。

　さらに本書で紹介するアプリは、本書が出版された時点でなくなっている可能性があります。また本書で取り上げたアプリは、同機能の他のアプリよりも優れている、もしくは安全であることを筆者は保証していません。

　これらのアプリの使用は、こうしたリスクがあることを承知したうえで利用してください。

第 II 章

# 視覚・視力と環境

障害による見え方の違いを体験する

## 〈本章で学ぶこと〉

### 視力や物の見え方、色に関することをはかってわかること

◉

アイマスクによって「見えない世界」を体験したことがあるかもしれません。

それは視覚障害者を理解し、環境改善を考えるきっかけになるでしょう。

しかし、視覚に障害がある人々は、全盲者ばかりではありません。

物がよく見えない、色のコントラストがつかみにくいといった高齢者を含め、

別の見え方をしている人々が多くいます。その人たちは、実際にどこまで物を

視覚を通してとらえ、また、どのような情報を手がかりに生活し、

まちを移動しているのでしょうか。

◉

本章では、大人とは違った子どもの見え方、高齢化によって、あるいは

視力になんらかの障害をもつことによって、さまざまな見え方があることを理解し、

そうしたさまざまな見え方を体験することによって私たちの生活する周囲の問題点を発見し、

そして改善手法を考えることを目的としています。

◉

さらに、「暗い」「まぶしい」「見えにくい」「区別がつかない」「人と違う見え方をしている」といった

漠然とした不便に対して、それを視力、視野角、色彩などといった数値で表す方法を体験し、

視覚情報やサイン計画がどの程度改善できるのか、どのくらいの数値の人まで対応できるのか、

そうした見え方を数値として表現できる能力を身につけます。

これは環境を評価するにあたって重要なことです。

# *1*──照度と輝度の違いを知る

## 1．照度、輝度の測定法と光環境の評価

［照度(lx)単位:ルクス］

　受光面の単位面積あたりに入射する光を人間の目の感度(CIE標準分光視感効率V[λ])で評価した測光量で、半空間の全ての方向から受光面に入射する光を含んだもの。

　　照度Evは次の式によって求められる

　　単位:lx ルクス

$$Ev_{(照度)} = \frac{d\Phi v}{dA}$$

ここで、

dΦv:その点を含む面要素に入射する光束

dA:その面要素の面積

つまり照度とは

①…光のあたっている環境がどれくらいの光のエネルギーが降り注いでいるか『明るさ』かを表している。

②…照度計を置く場所の色や反射率などには影響されない。

　写真用品の「露出計」の原理は、照度計と同じです。ただし、表示する単位がlxではなく、F値など別の表示単位になっているだけの違いです。露出計によっては、表示単位の切り替えによってlx単位の照度計として使用できるものもあります。

［図1］**光と光束**　光を無限に細い一本一本の棒にたとえると、これらがさまざまな方向から束になって降り注ぐと考えるといい。

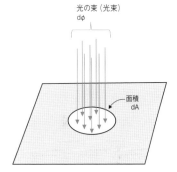

［図2］**照度とは、一定の面積に入射してきた光束の量**　降り注いできた、とても細い光の束が、一定の面積に入射してきたときのエネルギー量である。

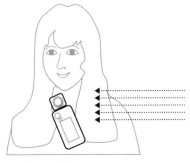

［図4］**写真用品の「露出計」は同じ原理**　一定の面積に入ってくる光束(光のエネルギー)量をはかっている。この図では、人物に入ってくる光の量(入射光)をはかっている。人の肌の色、髪の毛の色など、照度計を置く場所には影響されない。

［図3］**写真用の「露出計」**

## 2. 輝度 (cd/m²) 単位：カンデラ・パー・平方メートル

光源や二次光源（反射面や透過面）から観測者の方向へ向かって発する「光の強さ」を人間の目で評価した測光量で、観測者の方向のみに着目しています。

輝度Lvは次の式によって求められます。

$$Lv_{（輝度）} = \frac{d\Phi v}{dA}$$

ここで、

dΦv：太陽光や照明器具などの光源から発せられる光束が、反射面に反射して発せられる光束

dA：その光源から発せられた光束を反射する面積

つまり輝度とは

1) 光のあたっている特定の場所から反射して、観測者に入ってくる光の量がどれくらいなのか（一定面積に降り注いだ光が反射してきてどのくらいの明るさに感じるのか）を表しています。

2) 計測点に同じ光があたっていても、輝度計で計測する周囲の物の色や、反射率に影響されます。

注）図5と説明は、光源が観測者と同じ位置にあり、面積dA以外には入射しない（光源から光が他に拡散しない）こと、面積dA以外は一切反射しないことを条件に単純化しています。実際にはさまざまな方向から、さまざまな種類の光が入射するので、それらを考慮する必要があります。

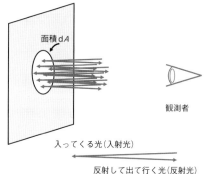

面積dA

観測者

入ってくる光（入射光）

反射して出て行く光（反射光）

これらが無数の光の束（光束）となって入射、反射してくる

［図5］**輝度とは、一定の面積に入射してきた反射光の量**
反射面に降り注いできた光が、反射面によって、どれだけの光量を反射しているかを計測する。

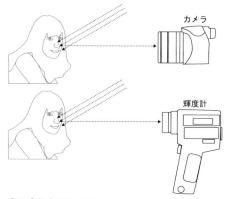

カメラ

輝度計

［図6］**輝度をはかるしくみ**
ガラスも輝度計も被写体・対象からくる光の強さを計測している。

### 輝度比

光があたっている別々の場所A地点とB地点、それぞれの輝度を計測し、それらの比を輝度比という

輝度比＝A地点の輝度／B地点の輝度

注）カメラや、スマートフォンに内蔵されているカメラは、販売される地域（国）の利用者の肌の色を考慮して、人物が写っているときに最適なシャッタースピードや露出になるようにプログラムされている。

［図7］**視覚障害者用誘導ブロック敷設にあたって、**
周囲の仕上げ材との輝度比を2.0以上にするという基準がある。これは「目立つ」ことを輝度を用いて数値化していることともいえる。

## 照度と輝度の違い

　右の写真はある地下鉄駅のホームです。駅内は地下部分(トンネル部分)にあり、駅ホームから外れると写真では右奥のように地上に抜けています。

　このような構造の駅の場合、ホーム上先端部分の丸印部分の照度、輝度を計測するとどのようになるでしょうか。下記のそれぞれについて、正解をひとつ選んでください。なお、屋外の太陽光は駅ホーム内の照明と比較してかなり明るいものとし、ホーム内照明は均一なものとします。

→① 駅の外(屋外)からの距離が異なる黒丸の箇所の照度と輝度について、つぎのうちどれが正しいと思いますか。

〈照度〉

①すべて同じ

②駅の外(屋外)がもっとも高く、手前ほど低い

③駅の外がもっとも低く、手前ほど高い

〈輝度〉

①すべて同じ

②駅の外(屋外)がもっとも高く、手前ほど低い

③駅の外がもっとも低く、手前ほど高い

　→② 駅の外(屋外)からの距離が同じとき黒丸の箇所の照度と輝度について、つぎのうちどれが正しいと思いますか。

〈照度〉

①すべて同じ

②場所によって異なる

〈輝度〉

①すべて同じ

②場所によって異なる。

→① 奥(駅の外)ほど明るく、手前ほど暗い。光が反射する仕上げ材はすべて同じであるから、照度も輝度(被写体から反射してくる光の量)も、駅の外(屋外)がもっとも高く、手前ほど低い。答えは、〈照度〉〈輝度〉とも②

→② 光が入射する量は同じ、よって照度は同じ。しかし光が反射する仕上げ材は場所によって異なるため、輝度は異なる。答えは、〈照度〉①、〈輝度〉②

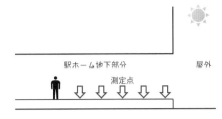

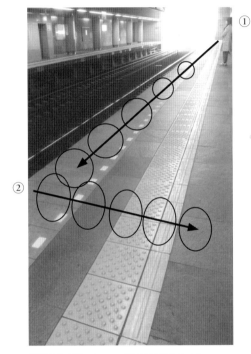

［図8］ある駅のホームの照度と輝度を比べる

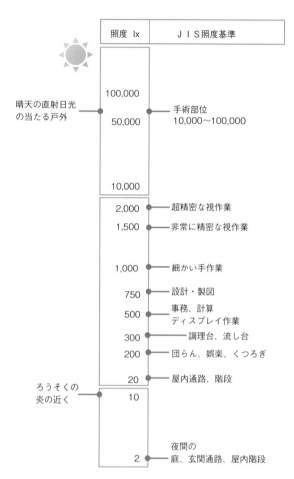

| 照度 lx | JIS照度基準 |
|---|---|
| 100,000 | |
| 50,000 | 手術部位<br>10,000〜100,000 |
| 10,000 | |
| 2,000 | 超精密な視作業 |
| 1,500 | 非常に精密な視作業 |
| 1,000 | 細かい手作業 |
| 750 | 設計・製図 |
| 500 | 事務、計算<br>ディスプレイ作業 |
| 300 | 調理台、流し台 |
| 200 | 団らん、娯楽、くつろぎ |
| 20 | 屋内通路、階段 |
| 10 | |
| 2 | 夜間の<br>庭、玄関通路、屋内階段 |

晴天の直射日光の当たる戸外

ろうそくの炎の近く

［図9］光源と輝度の関係

［図10］**照度計**　右にある白い半球状の受光部分を対象物に置いて入射光を計測する

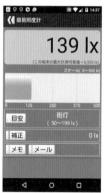

［図11］**スマートフォンアプリの簡易照度計**「（SimpleIlluminanceMeter）AStIS」の画面スマホで簡単に計測できる

スマートフォンのカメラ機能を使って、簡易照度計の機能をもたせる無料アプリが多数あります。アプリ提供サイトから"照度計"もしくは"明るさ""明るさ計測""lux"などで検索します。

このアプリは、インストールされたスマートフォンと内蔵カメラの性能を反映して補正する機能をもつもの、また本来の照度計と同じ場所で使い、手動で補正する機能をもつものもあります。こうしたものは比較的正確です。

測定範囲は、照度計として市販されているものでは10万lx程度まで計測できますが、スマートフォンアプリでは、測定範囲の上限は1万lx以下が多いようです。図11は照度計アプリの一例です。筆者のスマートフォンでは測定範囲が6,500lxが上限と表示されました。室内や屋外でも曇り空のところでは十分使用範囲になります。

［図12］**輝度計**
対象物にレンズを向けて反射光を計測する

# 2—照度と輝度をどう区別するか

照度と輝度の区別は、初学者にとってわかりにくいと思います。

ここで、まとめると、次のようになります。

〈照度〉

・光源によって照らされる面に入ってくる光源の明るさ

・太陽光のように、光源からの距離が十分に離れているときは、
　照度計を置く場所にかかわらず照度は同じ

・光源からの光が均等にあたっている場所では、照度計を置く場所にかかわらず照度は同じ

・室内の光源（照明）の下などでは、光源に近いほうが照度が高い（より明るい）

［図13］照度のポイント
高さ（距離）によって照度は変化する

〈輝度〉

・光源によって照らされる面から反射してくる明るさ

・太陽光のように、光源からの距離が十分に離れているときは、
　反射材を置く場所にかかわらず照度は同じであるから、反射材が同じなら輝度も同じ

・光源からの光が均等にあたっている場所では、輝度計を置く場所にかかわらず
　反射材が同じなら輝度は同じ

・室内の光源（照明）のような下では、光源に近いほうが照度が高いため、同じ反射材なら輝度は上がる

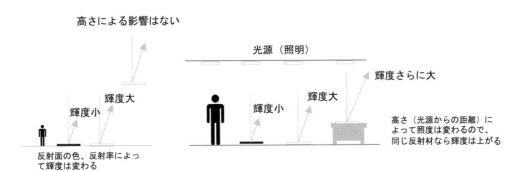

［図14］輝度のポイント
高さ（距離）が同じでも反射材が異なれば
輝度も異なる

II

視覚・視力と環境

077

# JIS（日本産業規格）照度基準

◉おもに人工照明によって、人々の活動が、安全、容易、かつ快適に行えるように、照明設計基準照明要件について規定したものです。作業などが行われる基準面で測定しますが、基準面が特定できないときは、床から0.8mの高さ（机上視作業）、床上0.4m（座業）、または床や地面を基準にします。建築物の用途や屋内外における作業別に、推奨する照度が規定されています。

照度基準 JIS Z 9110:2010 より、抜粋

| 事務所 | | 単位 lx |
|---|---|---|
| 作業 | 設計、製図 | 750 |
| | キーボード操作、計算 | 500 |
| 執務空間 | 設計室、製図室 | 750 |
| | 事務室、役員室 | 750 |
| | 診察室 | 500 |
| | 印刷室、電子計算機室 | 500 |
| | 調理室 | 500 |
| | 受付 | 300 |
| 共用空間 | 会議室、集会室、応接室 | 500 |
| | 食堂 | 300 |
| | 喫茶室、ラウンジ、湯沸室 | 200 |
| | 休憩室 | 100 |
| | 書庫 | 200 |
| | 倉庫 | 100 |
| | 倉庫（常時使用） | 200 |
| | 更衣室 | 200 |
| | 化粧室 | 300 |
| | 便所、洗面所 | 200 |
| | 階段 | 150 |
| | 屋内非常階段 | 50 |
| | 廊下、エレベーター | 100 |
| | エレベーターホール | 300 |
| | 玄関ホール（昼間）※ | 750 |
| | 玄関ホール（夜間）、車寄せ | 100 |

| 屋内作業の照明要件 | 単位 lx |
|---|---|
| ごく粗い視作業、短い訪問、倉庫 | 100 |
| 作業のために連続的に使用しない所 | 150 |
| 粗い視作業、継続的に作業する部屋（最低） | 200 |
| やや粗い視作業 | 300 |
| 普通の視作業 | 500 |
| やや精密な視作業 | 750 |
| 精密な視作業 | 1,000 |
| 非常に精密な視作業 | 1,500 |
| 超精密な視作業 | 2,000 |

| 住宅（戸建て住宅と、共同住宅の居住部分）単位 lx | | |
|---|---|---|
| 居間 | 手芸、裁縫 | 1,000 |
| | 読書 | 500 |
| | 団らん、娯楽、軽い読書 | 200 |
| 書斎 | 勉強、読書 | 750 |
| | ディスプレイ作業 | 500 |
| | 全般 | 100 |
| 子供室・勉強室 | 勉強、読書 | 750 |
| | 遊び、コンピュータゲーム | 200 |
| | 全般 | 100 |
| 応接室 | テーブル、ソファ、飾り棚 | 200 |
| （洋間） | 全般 | 100 |
| 座敷 | 座卓、床の間 | 200 |
| 食堂 | 全般 | 100 |
| | 食卓 | 300 |
| 台所 | 全般 | 50 |
| | 調理台、流し台 | 300 |
| 寝室 | 全般 | 100 |
| | 読書、化粧 | 500 |
| | 全般 | 20 |
| | 深夜 | 2 |
| 家事室・作業室 | 手芸、裁縫、ミシン | 1,000 |
| | 工作、ディスプレイ作業 | 500 |
| | 洗濯 | 200 |
| | 家事全般 | 100 |
| 浴室・脱衣室化粧室 | ひげそり、化粧、洗面 | 300 |
| | 全般 | 100 |
| 便所 | 全般 | 75 |
| 階段・廊下 | 全般 | 50 |
| | 深夜 | 2 |
| 納戸・物置 | 全般 | 30 |
| 玄関（内側） | 鏡 | 500 |
| | 靴脱ぎ、飾り棚 | 200 |
| | 全般 | 100 |
| 門・玄関（外側） | 表札・門標、押しボタン | 30 |
| | 通路 | 5 |
| | 防犯 | 2 |
| 車庫 | 全般 | 50 |
| 庭 | パーティ、食事 | 100 |
| | テラス | 30 |
| | 全般 | 30 |
| | 通路 | 5 |
| | 防犯 | 2 |

**事務所**
昼間の屋外自然光による数万lxの照度に目が順応していると、ホール内が暗く見えるので、照度を高くすることが望ましい。前表にあげた照度基準は、次表をその照度範囲としている。

**住宅**
注記1 それぞれの場所の用途に応じて全般照明と局部照明とを併用することが望ましい。
注記2 居間、応接室および寝室については調光を可能にすることが望ましい。

# WORK 1

## 室内のさまざまな場所の照度・輝度をはかる

〈課題〉 室内のさまざまな場所の照度・輝度をはかってみよう。
同じ場所でも条件を変えることでどう変わるかを
試してみよう。

照度計

輝度計

室内における照度と輝度の測定する。
たとえば、白と黒の地を比べて比較してみよう。
色や反射率が違うことでどのような違いが生じるだろうか。

| 測定場所（例） | 照度計実測 (lx) | JIS照度基準値 (lx) | 輝度計実測 (cd/㎡) |
|---|---|---|---|
| 実験室のあなたの机上 | | | |
| 実験室のもっとも明るそうな机上 | | | |
| 実験室のもっとも暗そうな机上 | | | |
| 実験室のあなたの机上にハンカチや紙などを敷いた面<br>（なにを敷いたか　　　　　　　　　　　） | | | |
| | | | |
| | | | |
| | | | |
| | | | |
| | | | |

# WORK 1 解説
## 室内の輝度、照度の特徴

WORK 1では、主に建築物内における照度、輝度をはかった。どのような視点で計測場所を選んだのか、場所や設定別に解説する。

・・・・・・・・・・・・・・・・・・・・・・・・・・・

①…テーブル上において、白い紙の上で照度、輝度をはかってみた。また、黒い紙の上で照度、輝度をはかってみた（p.79写真参照）。

その結果は、照度は白い紙の上でも、黒い紙の上でも、照度は変わらない。照度は入射光をはかっているから、その背面の色や質感などには関係がないからである。

輝度は、白い紙の上をはかった輝度は高く、黒い紙の上をはかった輝度は低い。輝度は、反射光をはかっているから、反射する材料の光の反射率によって違いが出てくる。

②…①と同じことを、テーブル上ではなく、床の上でやってみた。

結果はほぼ同じとなるが、①よりも②のほうが、照度、輝度ともに低いことがある。それは、①よりも、光源（照明器具）から遠いので、入射光である照度はやや低くなり、それの反射光である輝度もやや低くなるからだ。

［次のステップ］ 照明器具にもっと近づけてみたらどうなるか。距離(m)と照度(lx)の関係はどうなるか。

③…①と同じことを、薄暗い部屋でやってみた。

結果は、ほぼ①と同じだが。ただし、いずれも①と比較して、照度、輝度ともに低い。それは、①よりも室全体が暗いので、入射光である照度は低くなり、それの反射光である輝度も低くなるからである。

［次のステップ］ 照明をさらに暗くしてみたらどうなるか。距離(m)と照度(lx)の関係はどうなるかやってみよう。

照度は、照明器具から一定の距離を過ぎると大きく低下し、その後距離が変わってもあまり変化が少ない。照明器具に近い電気スタンドなどでは、机上に大きな照度が得られる。教室などの広い部屋で、照明を消して、窓から入る昼間の外光だけで、窓からの距離を変えて照度、輝度をはかってみよう。

図キャプション：
光源（照明）をもっとも明るく
暗くするか、消灯して外光がわずかに入る程度にする
①
②
③
④
照明や外光により明るい
暗い

明るい部屋と暗い部屋の照度と輝度はどう違うか

照度、輝度は、窓から一定の距離を過ぎると急激に低下する。学校の教室やオフィスなどの大きな空間では、窓際と窓から遠い場所とでは思った以上に照度差がある。視力と照度の関係を考えれば、学校では生徒にとって座る位置のわずかな違いによって、学習環境に大きな差がある。

昼間の外光
教室などの室内（照明は消灯）
外光が入ってきて明るい
外光が入らず暗い
室内の明るさ

# まちの中のさまざまな場所の照度・輝度をはかる

〈課題〉 屋外のさまざまな場所の照度・輝度をはかってみよう。

同じ場所でも条件を変えることでどう

変わるかを試してみよう。

天気のよい日、曇天の日、夕刻や夜といった周囲の

変化による、照度、輝度、そして物によって陰が

できたときの差をはかってみよう。

照度計による測定…対象物から浮かせないで、対象物に直接に置くこと（室内では床面、机上面、照明近くなど意図的に計測対象から離すこともある）。
測定者の身体の陰が入らないようにする。

輝度計による測定 …測定者の身体の陰が入らないようにする。 周囲の建築物や樹木などによる陰ができた場合も、陰のできた部分との違いを計測してみよう。

照度・輝度測定結果（屋外）　天候

| 測定場所 | 照度計実測<br>（lx） | JIS照度基準値<br>（lx） | 輝度計実測<br>（cd/㎡） |
|---|---|---|---|
| 視覚障害者誘導用ブロック（照度測定のときと同じ場所） | | | |
| 上記ブロックのすぐとなりの舗道面 | | | |
| | | | |
| | | | |
| | | | |
| | | | |

# 解説
## 屋外の輝度、照度の特徴

屋外では、季節、時刻、天候ばかりでなく、
路面状況などのさまざまな要素が輝度、照度に影響している。

室内における計測と大きく異なるのは、光(太陽光やその反射光)の影響によって数値の振り幅が大きいことである。また、同じ場所を計測しても、太陽光が影響する季節、時刻、天候によって、同じ結果になることはほとんどない。さらに路面の計測では、天候が同じであっても路面状況の違いで結果が大きく異なる。

### 季節、時刻、天候

道路面では視覚障害者用誘導ブロックと、それが敷設してある歩道仕上げ面(ペーブメント)に入射する照度は、室内計測においても同じであったように、屋外においても両者は変わらない。

しかし屋外における太陽光は、その光を直接受けるような場所では5万から10万lx(ルクス)といった、大きな照度とそれに対応する輝度が計測される。このように数千lxを超える入射光(輝度)がとくに強い場所において、誘導ブロックと歩道面の判別しやすさはどうか。目で見た感覚で、その違いをどう感じるか。また、同じ場所であっても、夜など薄暗くなる

と目で見てどう感じるかを確認してみる。

そして、実際に輝度計を用いてその差をはかり、誘導ブロックと歩道面の両方の輝度を比較した「輝度比」で表すと、その違いは、それぞれどの程度出てくるのかをはかってみよう。

このように、照度が高くなれば、それによる反射である輝度も同じように高くなっていくが、私たちが目で見た感覚と一致するのだろうか。

### 濡れた路面

雨後などで路面が濡れている場合はどうなるか。上記と同じ比較計測を行ってみる。なお路面が乾燥しているときには、歩行者に影響を与えない範囲で路面を濡らしてみても、雨後と同様の結果が得られる。ほかにも、この計測は場所を変えて別の場所にある誘導ブロックと歩道面で行うことができる。

このように、輝度比の数字は判別のしやすさの指標にはなるが、それだけでは人間の感覚を表せないこともあることが、多様な場面を計測し比較することによってわかる。

[表] 輝度比と目視の関係

| 環境 | 強い太陽光が直接あたる | 曇りの日くらいの明るさ | 夜のわずかな光の下 |
|---|---|---|---|
| a. 視覚障害者用誘導ブロック | 照度 (lx) | 照度 (lx) | 照度 (lx) |
| | 輝度 (cd/㎡) | 輝度 (cd/㎡) | 輝度 (cd/㎡) |
| b. 歩道仕上げ面 | 照度 (lx) | 照度 (lx) | 照度 (lx) |
| | 輝度 (cd/㎡) | 輝度 (cd/㎡) | 輝度 (cd/㎡) |
| 輝度比 | 輝度比　a/b | 輝度比　a/b | 輝度比　a/b |
| 目で見た感じ | 判別のしやすさ | 判別のしやすさ | 判別のしやすさ |

［図1］さまざまな誘導ブロック
（左上）誘導ブロックと同じ幅のラインが
交差しているうえ、基本となる歩道面仕上げの
輝度が高く、誘導ブロック部分の輝度が高くて
も輝度比は小さくなって判別はつきにくい。
（右上）誘導ブロックと平行に、暗い色の
ラインがある。基本となる歩道面仕上げとの
輝度比が小さいことに気づいてこのような
敷設にしたと考える。このように路面に何本も
のラインが見えるのは適切であろうか。
（左下）側溝の蓋付近。ラインが何本にも
見える。（右下）基本となる歩道面仕上げは
比較的明るい。そのため誘導ブロックを
こげ茶色といったきわめて暗い色にして
輝度比を高めている。

**まちの中のさまざまな場所の照度、輝度**
サイン計画、誘導路、誘導ブロック、誘導照
明などに重要な要素の一つに「目立つ」ことが
ある。目立つためには、目立たせたい対象物
と、それを置く背景となる場所の光の反射率
の差を大きくさせればよい。そのための方法
として次のようにする。

・・・・・・・・・・・・・・・・・・・・・・・・・・・

**対象物とそれを置く背景の光の反射率に
差があればよい**
→**輝度の比率（輝度比）を大きくする**
→**一方の輝度を小さくし、もう一方の輝度を
大きくする**

［図3］地下鉄七隈線（福岡市）
壁と床の境界を、線状に照度を高くして
輝度を高くし、それ以外の床材との輝度比を
高めている

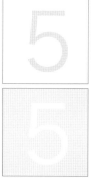

輝度比大
判別しやすい                    輝度比小
                              判別しにくい

［図2］輝度比と判別のしやすさ

［図4］地下鉄七隈線（福岡市）
ホーム上のドア付近を集中的に照度を
高くすることによって輝度を高くし、
それ以外の床材との輝度比を高めている

## 視力とは…人の目における解像度

　人はどのようにして物を見ているのでしょうか。外から入ってきた対象物が、レンズの役割をする水晶体を通して網膜に投影され焦点を結びます。それによって網膜にある視神経が刺激され、脳へと電気信号として送られて認識されます。では、どれくらい細かい物まで見て、認識することができるのでしょうか。それは視神経の数や密度、脳の処理できる限界によって左右されます。実際には、視野角にしておおむね0.5分（1分は1/60°）程度といわれているので、視力にすると2.0に相当します。これは周囲の明るさや、見る人の固有の視力、コンディションがもっともよいときと考えてよいでしょう。これについてはあとで述べます。

　では、その人の解像度ともいえる「視力」はどのようにしてはかるのかをここでは説明します。

## ランドルト環

　私たちが「視力検査」を行う視力検査表はどのようにできているのでしょうか。検査表にあるアルファベットのCのようなものは「ランドルト（氏）環」といいます。円の一部が欠けていて、欠けている部分が上下左右のどちらにあるのかがわかれば、欠けているすきまがきちんと見えていることになります。ランドルト環では、この円とすきまの大きさを変えて、通常視力2.0〜0.1程度をはかるようになっています。

## ランドルト環のしくみ

　図1のように、最大直径7.5mm、幅1.5mmのドーナッツ状の円の一部を1.5mm欠いたものを5m離れた位置から見て、欠けている部分が上下左右のどちらにあるのかがわかれば、視力1.0と定義されています。このときの角度は1分（1/60度）です。

　図1に示すように、この直径7.5mmの環、視

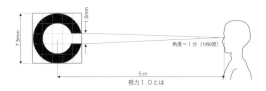

[図1] ランドルト環のしくみ

力1.0を1倍とすると、直径と視力は反比例の関係にあります。

　　直径が7.5mm（1倍）なら視力1.0

　　直径が15mm（2倍）なら視力0.5

　　直径が75mm（10倍）なら視力0.1

　　直径が150mm（20倍）なら視力0.05

　　直径が3.75mm（1/2倍）なら視力2.0

　ランドルト環の大きさは、環の径、環の太さ、切り欠きの幅は、すべて比例した相似形です。

《 確認問題 》

5m離れて

視力1.0で1.5mmのランドルト環の

空いている位置がわかるなら

視力0.1なら（①）mm の

空いている位置がわかる

視力2.0なら（②）mm の

空いている位置がわかる

視力0.5なら（③）mm の

空いている位置がわかる

視力0.05なら（④）mm の

空いている位置がわかる

もしくは、

視力1.0用の環を使用するなら

（⑤）m 離れて使用する

## 視力と明るさの関係

　ランドルト環で計測する視力は、十分に明るい場所ではかる必要があります。というのは、人の視力は周囲の明るさ（照度）によって大きく異なるからです。

　図2に示すように、一般には照度が低下すれば視力も低下します。しかし低下する度合いは年齢によって差があり、若年者は周囲の照度が低下しても、ランドルト環の測定では、さほど視力は低下しません。しかし、高齢者ではわずかな照度低下でも著しい視力低下が起こります。また、文字などをきちんと読み込むためには、1,000〜2,000lx以上の照度が必要なこともあります。

　表1は、視覚障害者の障害区分です。視力は障害区分の定める際の重要な要素となっていま

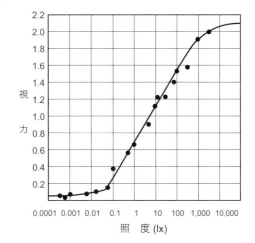

［図2］照度と視力の関係
［出典］東芝ライテック：照明設計の基礎
　照度（1）照度と視力

す。身体障害者手帳による視覚障害者は「視力障害」と「視野障害」とに区分して認定されます。

（あくまで、矯正眼鏡を装着した「矯正視力」であることに注意。）

［表1］視力と身体障害者認定

| 1級（指数18） | 両眼の視力（万国式試視力表によって測ったものをいい、屈折異常のある者については、矯正視力に |
| --- | --- |
| 2級（指数11） | (1) 両眼の視力の和が0.02以上0.04以下のもの。 |
| | (2) 両眼の視野がそれぞれ10度以内でかつ両眼による視野について視能率による損失が95%以上 |
| 3級（指数7） | (1) 両眼の視力の和が0.05以上0.08以下のもの。 |
| | (2) 両眼の視野がそれぞれ10度以内でかつ両眼による視野について視能率による損失が90%以上 |
| 4級（指数4） | (1) 両眼の視力の和が0.09以上0.12以下のもの。(2) 両眼の視野がそれぞれ10度以内のもの。 |
| 5級（指数2） | (1) 両眼の視力の和が0.13以上0.2以下のもの。 |
| | (2) 両眼による視野の2分の1以上がかけているもの。 |
| 6級（指数1） | 一眼の視力が0.02以下、他眼の視力が0.6以下のもので、両眼の視力の和が0.2を超えるもの。 |

・身体障害者福祉法による視覚障害の障害区分。身体障害者手帳による視覚障害は、「視力障害」と「視野障害」とに区部して認定する。あくまでも矯正眼鏡を装着した「矯正視力」であることに留意する。
・ロービジョン……世界保健機関（WHO）では、両眼に矯正眼鏡を装着して視力をはかり、視力0.05以下の人と定義している。

## 正しくものを見ること（正視）

　外の対象物を映像として取り込み、認識するという人の眼球構造は、カメラのレンズを通して映像の焦点を結び、それをCCD（撮像素子）によって取り込んで、電気信号に変えてメモリに送るという機構とまったく同じです。

　人も、外から入ってきた対象物が、レンズの役割をする水晶体を通して網膜に投影され焦点

を結びます。人もカメラも網膜やCCDできちんとピントの合った像を投影するため、レンズの調節機能が働きます。人の場合は、筋肉によって水晶体の厚みを変えてピントを調節します。

　通常は、きちんとピントの合った像を網膜に映し出すことができます。これを「正視」といって正常な状態とされています。

※前頁《確認問題》の答え　①15、②0.75、③3、④30、⑤2.5

[図3] 正視・近視・遠視

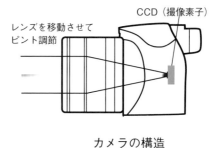

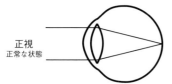

眼球とおもな名称

網膜
水晶体
硝子体

CCD（撮像素子）
レンズを移動させて
ピント調節

カメラの構造

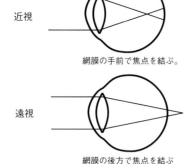

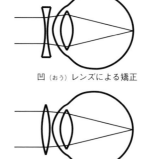

正視
正常な状態

網膜上に焦点を結ぶことができる。

近視

網膜の手前で焦点を結ぶ。

凹（おう）レンズによる矯正

遠視

網膜の後方で焦点を結ぶ

凸（とつ）レンズによる矯正

## 近視と遠視

　人は一人ひとり顔や身長が違うのと同じように、眼球部分も人によってさまざまです。たとえば、もともと眼球の大きさが正視の人とは大きく違っていたり、眼球の内部がゆがんでいたり、水晶体の調節能力が低かったりといったさまざまな原因によって、うまくピントの合った像を網膜に映し出せない人も多くいます。この状態を近視や遠視といったりします。

　近視の場合はピントが網膜の手前で、遠視では網膜の後方で合う状態になります。近視では遠くの物が見えませんが、対象物を近くに寄せれば見えます。遠視では、近くの物にピントが合わなくなります。

　このような状態では、物がよく見えないので、それを補正（矯正）するために眼鏡を使います。

　近視の矯正には凹レンズ、遠視の矯正には凸レンズが使われ、それぞれ正しく網膜に像が映る厚みのレンズを選びます。

　若いときに正視の人も、40歳代からしだいに遠視の傾向が出てきます。

　このように、眼鏡で矯正できる近視や遠視はごくふつうに見られ、病気ではありません。

## 視覚障害と高齢化による視力障害

　眼鏡によっても矯正できないのが視覚障害です。視覚障害には、著しく視力が低下する弱視、混濁、視野欠損などがあります。また障害とはいいませんが、高齢になるほど視感度が低下して、暗いところでは物がよく見えないということが起こります。これと関連したことを、p.100のコラムでも述べています。

# ランドルト環をつくり、視力をはかる

〈課題 ①〉 黒い紙に4種類各4個ずつ、合わせて16個の
ランドルト環を描いて切り取り、模造紙に貼り付けてみよう。

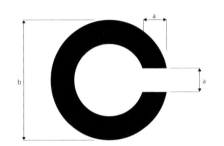

①…黒い紙に4個のランドルト環を
描いて切り取り、模造紙へ
貼付けてみる。
②…この時それぞれ4個のランドルト環の
開口部は上・下・左・右それぞれ
別の方向を向くように配置する。

| 視力（環倍率） | 外枠サイズ | 環の太さa | 切り欠幅a |
|---|---|---|---|
| 1.0（1倍） | 7.5 mm | 1.5 mm | 1.5 mm |
| 0.5（2倍） | 15 mm | 3 mm | 3 mm |
| 0.2（5倍） | 37.5 mm | 7.5 mm | 7.5 mm |
| 0.1（10倍） | 75 mm | 15 mm | 15 mm |

製作する4つのランドルト環の大きさ

| 視力 | a | b |
|---|---|---|
| 0.1 | 15mm | 75mm |
| 0.2 | 7.5mm | 37.5mm |
| 0.3 | 5mm | 25mm |
| 0.4 | 3.75mm | 18.75mm |
| 0.5 | 3mm | 15mm |
| 0.6 | 2.5mm | 12.5mm |
| 0.7 | 2.14mm | 10.71mm |
| 0.8 | 1.88mm | 9.38mm |
| 0.9 | 1.67mm | 8.33mm |
| 1 | 1.5mm | 7.5mm |
| 1.2 | 1.25mm | 6.25mm |
| 1.5 | 1mm | 5mm |

参考…ランドルト環の
大きさと幅、切り欠きの関係

## 〈課題 ②〉　つくったランドルト環で、視力をはかってみよう。

明るい壁と、暗い壁の2か所ではかる。

視力測定の手順（全員）

①…照度計で明るさを測定する。

②…視力検査表を中心が眼の高さ（立位）になるよう
壁に両面テープで貼る。

③…視力検査表の照度（垂直面）を照度計で測定（4点を平均する）。

　1）明るい壁
　　垂直面照度が500～1,000 lxくらいの場所

　2）暗い壁　　垂直面照度が100 lx以下の場所

④…被験者は視力検査表から5mの位置に立つ。

⑤…検査者はそれぞれの視力に該当するランドルト環を指し、
被験者の視力を測定する。このとき、片目ずつ交互に行う。
同じ大きさ4方向のうち2方向で正答が得られた視力を
被験者の右目あるいは左目視力とする。

⑥…時間があれば、しばらく時間をおいてから、
もう一度2回目を実施する。

**完成したランドルト環**
用紙はA2判（420×594mm）もしくはB3判
（364×515mm）の模造紙を使う。

| | 明るい壁　照度（　　）lx | | 暗い壁　照度（　　）lx | |
|---|---|---|---|---|
| | （右） | （左） | （右） | （左） |
| 1回目 | | | | |
| 2回目 | | | | |

# WORK 3

## 解説
### 視力を数値化することの意味

〈課題①＋②〉

ランドルト環の原理を理解し、
さらに公共サイン計画における文字の大きさや字体の考察まで視野を広げる。

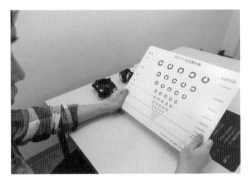

ランドルト環による視力確認

漢字かなまじり文との比較

ランドルト環を実際に作成することによって、ふだんから「視力」といわれているものが、どのようにはかられているのか、それはどのような原理でつくられているのかを体感した。ランドルト環では、どれくらいの距離で（標準は5m）、環の切れ目の幅わかるか、すなわちその人の「解像度」を表していることになる。

こうしたランドルト環という、日常生活ではほとんど見ることがないものによって測られた視力とは、日常生活にどのような関連をもつのであろうか。

写真は同じ照度下において、さまざまな字体と大きさの漢字かなまじり文が読めるかを、目からの距離を考慮して、その読み込める限界と、同様の距離で見える（判別がつく）ランドルト環とを比較している。漢字かなまじり文が判読できるということはどのようなことであろう

か。まちなかにある看板や公共施設、公共交通におけるサイン計画における文字の大きさや字体はどのようにして決められているのかがわかる。

漢字は西洋のアルファベットや数字と比較すると複雑で画数も多く、一定の長さにおける（例えば1インチあたりの）線数も多い。これはサイン計画における欠点ばかりではない。少ない文字で意図するところを表せるといった利点も多い。また、文字形態が図記号的な役割をはたしていて、すべての画数を認識できなくても周囲の輪郭などによって、おおよその文字や意図することがわかるということもある。

公共サイン計画は、こうした点をうまく利用していて文字の一つひとつをデザインして、全体としてわかりやすい表示に努めている。

　解像度は、カメラやテレビ受像機などの映像機器、カメラ機器等のレンズ等において、その性能を評価したり、設計どおりの性能が十分に発揮されているように調整するために、今でも重要な指標となっている。現在の地上デジタルテレビ放送に完全移行する2000年代まで、従来の形式であるアナログ放送には図のようなテストパターンというものが放送終了後に映し出されることもあった。これは、縦横にある縞模様をテレビ受像機がどの程度潰れないで判別できるか、そしてその調整のため用いられた。縞模様（線）の密度は1インチあたりの本数で表された。まさにテレビの解像度をはかっていたことになる。

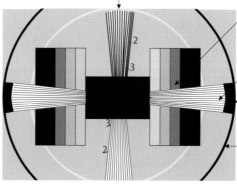

上下の限界位置まで見えているか

白から黒までの段階が正しく表現できているか

この線が1本1本分離して見える限界点が、この画面の解像度となる

左右の限界位置まで見えているか

円に歪みがなく、真円に見えているか

テレビ放送用受像機等の調整に使われていたテストパターンの例

〈コラム〉
## 視力とまちの中のさまざまな場所の文字の大きさ

●実際に人々の視力が一様でないこと、とくに暗い室内や地下街、夜間においては見かけ上の視力が急激に低下する特性を前提としたサイン計画を行っている事例がある。写真は、地下鉄コンコース内において、出口番号を示している。文字は後ろから照明をあてた黄色地に黒の数字と、輝度比も十分に大きい。

●また文字の大きさにも配慮してあり、奥に見える5の番号は、1〜4の番号を認識する位置に立って、これと同じように見えなければ5番の出口を見失う。いっしょに写っている人間の大きさから推定すると、2mくらいの文字高がある。

［写真］地下鉄七隈線（福岡市）
上…1〜4の番号がわかる位置に立って、奥に見える5番の番号がわかる大きさにしている。
下…5の番号は文字高が2mくらいある。

# 市販の眼鏡、もしくは
# シミュレーションレンズを使って、
# 視力障害の見え方を体験する

〈課題〉　同じ場所をレンズを変えて見てみよう。

できるなら、同じ場所で晴天、曇天、夕刻、夜など、

周囲の明るさが違うときと見え方の違いがあるか、

比較してみよう。 室内なら、照明を消したりして、

照度が異なる状況で確認しよう。

〈市販品を使ったシミュレーション〉（p.93右上）
視力障害
眼鏡は使用者の目の特性に合わせて、対象物が
いつも正しいピントで網膜に映り込むように
矯正しています。 市販キットでは、さまざまな
レンズを使用して、被験者が正しいピントで
網膜に映り込まないように屈折異常の状況を
つくり出します。 よって、ピントが
ずれることによって、対象物がよく見えない
「視力障害」と似た状況をつくり出すものです。

〈一般市販品によるシミュレーション〉
簡易メガネは、最近では金融機関や市役所などの窓口に置かれていて、おもに高齢者の
遠視用凸レンズです。通常、弱、中、強といった3種類がそろっています。
p.93の「シミュレーションレンズ」では、
0.01の表示は＋10.00Dというレンズを使用しています。 市販のレンズを使用して
擬似的に視力障害（視力低下）の状態をつくり出すためには、視力1.0相当の若年者に
「＋10.00D」のレンズを使用した眼鏡をかけてもらい、ランドルト環を用いた視力測定により、
どの程度まで視力低下があるかを計測すればいいでしょう。

月　　日　時刻　　　天候

| 測定場所 どこで（場所）なにを見たか<br>場所が特定できるように具体的に | 使用した<br>レンズ | どのように見えたか |
|---|---|---|
| 視覚障害者誘導用ブロック<br>（WORK2 課題の照度測定のときと同じ場所） |  |  |
|  |  |  |
|  |  |  |
|  |  |  |
|  |  |  |

# WORK 4

## 解説
### 視力低下と見え方の変化

どの程度の視力低下により、
なにがわかりなにがわからないかを、きちんと把握する。

　高価なシミュレーションセットを使用しなくても、市販されている安価な眼鏡セットによっても視力障害は体験できる。これによって視力低下とは、度の合わない眼鏡をかけている状態ときわめて似た状態であることがわかる。こうして、実験者の視力がどの程度の度のレンズをかけることによって、どの程度の視力低下の状態をつくり出せるかをきちんと把握したうえで、さまざまなものを見に行くといった行動につなげるべきである。そうしないと、単に「見にくかった」という感想に終わってしまうからである。どの程度の視力低下の状態で、なにがわかってなにがわからないかをきちんと把握しておく。公共施設や道路のサイン計画、壁面の掲示板においても、同じ視力の状態で見えるもの見えないものの違いがわかりやすくなる。こうした事実を整理しておくとよい。

　セットには視野狭窄、白濁などの視覚障害シミュレーションができ、さらにこれらを組み合わせた状態をシミュレーションできる。多くの場合、眼疾患による視力低下は、こうした視野狭窄や後述の色覚障害を伴うことが多いことが知られている。ただし、初学者の実験ではこうした視力障害の組合せによる体験はしないほうがよい。どのような状態のときにどのような見え方をするかの、一つひとつの状態を把握しておくことが重要である。

① 正常

② 像がボケだす

③ 像がさらにボケだす

④ 像がさらにボケだす

［屈折異常の見え方］
（近視、遠視）
カメラのピント合わせの
考えをもとに遠視、近視について
説明した（p. 85）。
その見え方のシミュレーション。
①が正常に像を結ぶ状態だが、
②、③と進むと像がボケはじめ、
④になると像は
おぼろな状態となる。

## 〈視力を数値化することの意味〉

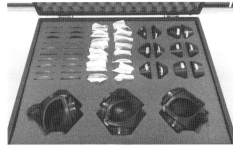

視覚障害者シミュレーションレンズと、その構成
※視力1.0の者が装着した場合の期待される視力

| 屈折異常※ | 0.01 | 0.02 | 0.04 | 0.06 | 0.08 | |
|---|---|---|---|---|---|---|
| | 0.1 | 0.2 | 0.3 | | | |
| 視野狭窄 | 3° | 5° | 7.5° | 10° | 12° | 15° |
| オクルージョン | 1種 | | | | | |
| （白濁状態） | | | | | | |
| 中心暗転 | 1種 | | | | | |
| 周辺視野 | 1種 | | | | | |

[シミュレーションセットについて]
視覚障害には、大別して次の3つがある。
1) 視力障害（ランドルト環による計測）
2) 視野障害（視野狭窄）
3) 黄変、白濁などによる障害
4) 色覚障害
このうち、1〜3は、「視覚障害ミュレーションレンズ」という商品が販売されている。
ここでは、視覚障害の疑似体験（屈折異常、白濁、視野狭窄など）における歩行や視認性について比較し、
それぞれについて体験（シミュレーション）をしてみる。

① 白濁のない状態

② 軽い白濁

③ あきらかな白濁状態

④ 顕著な白濁状態

[白濁の見え方]
（白内障が代表例）
①は白濁がない状態だが、
白濁ごとにさまざまな
見え方をする。加齢に伴う
老人性白内障は、60歳代　70%、
70歳代　90%、80歳代
ほぼ100%となっている。

## 視野とは

顔(頭部)を固定して、図1のように上下、左右についてどの範囲まで見えるかを計測します。眼科などでは「ゴールドマン視野計」(図2)といった、球面の一部を切り取った皿状のものに顔を向け、頭部を固定して眼球を動かさずに片目ずつ、上下、左右の見える範囲から視野を測定します。通常成人では図2のように上下左右方向によって視野角は異なります。

## 視野狭窄

網膜の一部、もしくは大部分の視細胞が病気などによって機能しなくなると、その部分が視野から欠けてしまいます。欠けた部分は黒くなったりして、見ることができません。私たちは両眼で物を見ているので、欠損部分が小さいうちは、正常な他方の目で視野を補ってしまい、気づかないことが多くあります。こうした視野欠損は、図3のように網膜のどの部位にも起こる可能性があります。

市販されているシミュレーションキットでは、視野角を狭めるために、先端部分がすぼまった、円錐状のカップを目の前に装着して、視野狭窄の状況をつくり出しています。また、視野狭窄は視力障害とともに出現することが多いので、こうした場面の体験は、シミュレーションキットでは、視力障害用のシミュレーションレンズを併用するとよいでしょう。

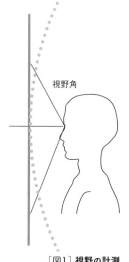

視野角

［図1］視野の計測

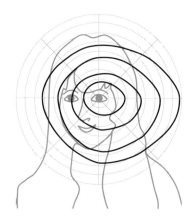

［図2］左目の視野の結果の例
眼科などにある視野計ではかった結果は、この図のように表示される。環の内側から視野10°、もっとも外側の環が90°視野を表している。通常はこの図のようなかたちになるが、疾患などにより歪んだかたちになることもある。また、視野狭窄による視野欠損も、この検査でその範囲がわかり、この図に欠損部分が描かれる。

［図3］視野欠損のイメージ
欠損部位や形状はさまざまであり、欠損部分が狭いと気づかないこともある。

## 〈手づくりの円筒によるシミュレーション〉

　視野狭窄の見え方のシミュレーションは、手づくりでもできます。視野角 5°、10°、15°の三種類の円筒をつくってみます。これは、円錐形でなくてもかまいません。

### 3種類の視野角の円筒のつくり方

① 視野角は、図4のように表すことができます。中心視野角5°をシミュレーションします。
計算ではまず図4に示す視野角の1/2となる角度が2.5°ですから tan (2.5°) は計算で0.0437になります。

② 表に示すように、高さ／距離が0.0437となるので、人の見える範囲は、壁面において高さ h(mm)×2 の範囲となります。本来なら図4に点線で表した球状の空間で計測すべきですが、壁からの距離lが十分に長く、視野角が小さければその誤差は少ないと考えられます。

③ 実際に、視野角が5°の人の場合で、距離が2,000mm離れた壁面の視野範囲を求めてみましょう。視野範囲はh(mm)×2 です。そして距離l(mm)を2,000mmとします。

④ 視野角5°の人では、

h(mm)／l(mm)= tan 2.5°= 0.0437

l(mm)= 2,000mmなので h(mm)= 約87mm

よって、視野の範囲はh(mm)×2= 約175mm

とります。

⑤ 視野角10°の人では同様に

h(mm)／l(mm)= tan 5°= 0.0875

l(mm)= 2,000mmなので h(mm)= 175mm

よって、視野の範囲はh(mm)×2= 350mm

となります。

⑥ 視野角15°の人では同様に

h(mm)／l(mm)= tan 7.5°= 0.1316

l(mm)= 2,000mmなので h(mm)= 約263mm

よって、視野の範囲はh(mm)×2= 約526mm

となります。

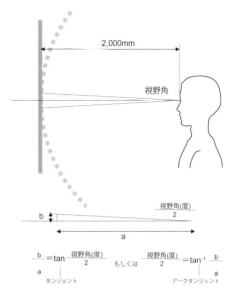

$$\frac{b}{a}=\tan\frac{視野角(度)}{2} \qquad もしくは \qquad \frac{視野角(度)}{2}=\tan^{-1}\frac{b}{a}$$

タンジェント　　　　　　　　　　　　　　　　　　　　　　アークタンジェント

［図4］視野角の範囲を知る

［表］tan：タンジェント早見表

| 角度（度） | tan（角度） | エクセル内の関数 |
|---|---|---|
| 2.5 | 0.044 | =TAN(RADIANS(2.5)) |
| 5 | 0.088 | =TAN(RADIANS(5)) |
| 7.5 | 0.132 | =TAN(RADIANS(7.5)) |
| 10 | 0.176 | =TAN(RADIANS(10)) |
| 20 | 0.364 | =TAN(RADIANS((20)) |

tan（タンジェント）は、関数電卓でも計算できますが、Microsoft excel の関数を使って、上記のような表をつくることもできます。
ここには　=TAN(RADIANS(2.5)) 関数を埋め込みました。
RADIANS(2.5)は、2.5°という角度の単位をtan関数が扱える国際単位系（SI）における角度（ラジアン）に変換する関数です。
1rad = 180°/π の関係はよく知られています。

### 身近にある円筒の視野角を計算する

A1判を出力できる用紙の芯の長さは約600mmで、内径50mであった（図5）。この視野角を求めると、約4.82°（2.41×2倍）となり、おおよそ視野角5°と等しいことになります。

つぎに、トイレットペーパーの芯の視野角を求めてみよう。内径は約40mmで長さは110mmであった（図6）。この視野角を求めると、約20.6°（約10.3°×2倍）となり、おおよそ視野角20°と等しくなります。

こうしたものを用いて、視野角の違いを確認してみてもいいだろう。

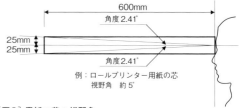

［図5］用紙の芯の視野角

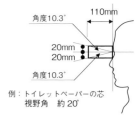

［図6］トイレットペーパーの芯の視野角

---

<コラム>

# なぜ、子どもの視野は狭いのか

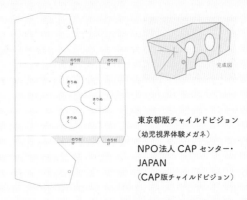

東京都版チャイルドビジョン
（幼児視界体験メガネ）
NPO法人 CAP センター・JAPAN
（CAP版チャイルドビジョン）

●幼児は、大人と比較して日常生活において視野が狭いことが知られています。おおむね大人の視野角の半分程度ともいわれています。小学校では、道路を渡るときには、自動車が接近していないか、左右に首を振って確認するよう指導されているのはこのためです。大人が子どもの視野を体験できるツールがあります。

●子どもの場合、視力と同じく視野も目で見て網膜に映る範囲が狭いのか、あるいは大人と同じように網膜には投影されているにもかかわらず、それらの広い範囲の像を視神経による認知と伝達、そして脳における処理能力が追いつかず、中心部しか見ることができないのかという疑問が出てきます。これについては、後者のように処理能力の未発達が理由として有力なようです。

●とすると、このような体験ツールは視野そのものを狭めているので、正確には子どもの見え方をシミュレーションしていないことになります。とはいえ、大人よりも視野全体の狭い範囲の認知しかしていないことは確かですから、道路などでは大人よりもはるかに周囲への注意が及ばないことを実感し、どのような安全対策をすべきかを考えるきっかけになることは確かです。

●なお、体験ツールを装着して屋外に出るときは、一人では行かないようにして、必ず付き添い者といっしょに歩き、危険なことがあればすぐに止めてもらえるようにしておきます。

# 視野角の異なる
# シミュレーションツールをつくる

〈課題〉 身近な円筒を用いて、視野角5°、20°を
シミュレーションしてみよう。

2,000mm離れた壁にこれをはり、
各視野角ごとの範囲が見えることを
確かめよう。

視野角5°の範囲なら
約175mmとなる。

視野角20°なら
約705mmとなる。

視野角5°程度の円筒

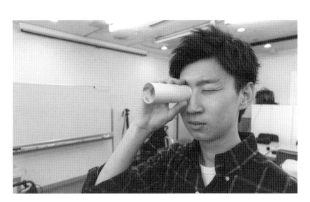

視野角20°程度の円筒

〈作成〉
①…p.96図5、6のような円筒を用意します。
②…壁（黒板や白板）から2,000mm離れて、
視野角5°ならば、直径175mm程度の範囲が見えることを確認します。
③…同様に、視野角20°ならば、直径705mm程度の範囲が
見えることを確認します。
④…作成したシミュレーションツールを用いて、身の回りの室内、
まちの中のようすがどのように見えるかを確かめてみましょう。

▽ **WORK 5**

# 解説
## 自作のツールで視野狭窄の理解

視野角5°は思いのほか、狭い。自作ツールでさまざまなものを見てみる。
それを、光学的にそして物理量としても把握する。

p.96で紹介したように、身近な筒状のツールを転用することで、視野狭窄のシミュレーションをもっとも簡易に行える。これらを用いることで、たとえば視野角5°といった状態がいかに狭い範囲かを、光学的にそして物理量として体験できる。

いくぶん面倒な計算が必要であるが、p.95を参照して製作してもよい。これには時間がかかるが、こうした数式による解析、それを身近な表計算ソフトを使用して求めることは、本実験趣旨からは外れるが、別の学習効果が期待できる。

長い筒状のものがないときや、眼鏡に貼り付けて外を歩いてみたいときは、短い筒でも図2のような黒い紙を貼って、穴を開けると、穴の直径を筒の直径と見なして同じようなシミュレーションができる。穴は取り外しながら注意深くあけていく。

白濁については自作方法が書かれていないが、ホームセンターや文具店、模型材料店に

［図1］距離2mをとり、視野角5°筒の見え方を調整している

あるものを使って容易に製作が可能である。すりガラス状のアクリル板などがある。通販サイトでは、さまざまな濃さのものがある。透明のアクリル板に、目の細かい紙やすりなどで傷をつけていく方法もある。傷のつけ方、深さによって、さまざまな白濁の状況を体験することができる。

［図2］筒の前面に黒い紙を貼って穴を開けてもよい

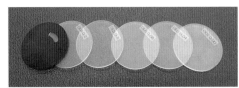

左端：視野狭窄　　それ以外：さまざまな白濁の程度

［図3］市販のシミュレーションツールの例

ところで、視野狭窄だった場合、実際の生活にどのような不便があるのだろうか。視野狭窄は、一部分でも見えているのだから、そんなに困ることはないと思うかもしれない。では、こういった人たちはどのようにして物のかたちを把握し、まちを歩いているかをみてみよう。

通常の視野をもつ晴眼者の場合とはことなり、常に自分のいる場所の全体を把握しながら、足下に注視ながら歩いて、再びいる場所の確認をするという行動を繰り返しながら、移動をしている。

［図4］さまざまなかたちをどうとらえるか

ある物のかたちや配置を理解する過程をモデル的に見てみよう。

たとえば、図5のようなものが視野に入ったとする。もちろん物のかたちも配置もわからない。

まず、視野狭窄の疾患をもつ人は、全体の輪郭を目でたどり、そしてそれらものどうしの境界線を見つけて順に走査していく。ただ走査するだけでなく、それぞれのかたちや位置を覚えておかなければならない。さらに光のあたり方や影などからそれらの前後関係や配置を理解

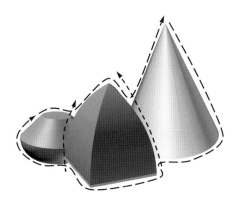

［図5］全体像を把握するために輪郭部を走査する

していく。これだけのことをとおしてかたち相互の関係を認識していく。

まちを歩くときには、これと同じことをやらなければならない。まちのかたちは、もっと複雑である。比較的単純な一本道でも走査しながら全体を認識するのは、次のような手順が必要となる。

### ・自分のいる場所の全体を把握

目的地へ行くため、どのあたりに自分はいるのか。目的地へ行くため自分はどちらの方向へ向かえばいいのか。（これで、自分の進むべき方向と距離がだいたいわかる。）

### ・歩行しながら、足下を確認して、安全に移動する

障害物や空いている側溝などの危険箇所がないか。目印となるラインなどを見つけて、それに沿って歩いているか。路肩から外れて道路の真ん中に出てしまったりしないかを確認しなければならない。

［図6］このような場所に立ち、これから向かう方向を向く

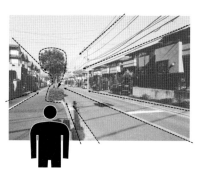

［図7］主要なスカイライン、側溝、道路のラインなどから全体の空間認識をする

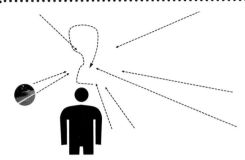

［図8］このような情報の中から、歩いて行くべき方角や、まっすぐ歩くためにふさわしい、目印となる官民境界線（道路と民地の境界）その他の目安（歩道の舗装目地やライン、誘導ブロックなど）を見つけて、それに沿って歩く。

　同様に、発達障害がある人たちの中には、視覚的には正常に見えていても、自分が大きな空間の中のどこに居るのか、その位置と空間全体の把握が困難な人がいる。こうした人は、視野狭窄の人と同じような過程を経ながら歩行している。歩道や道路の路肩に目印となるラインがひいてあったり、明確な官民境界（連続した塀など）があると、それをたどってまっすぐに歩くことができる。しかし歩行途中でライン等がなくなると、歩行するための目印が失われ、まっすぐに歩けなくなり、道路の真ん中に出てしまって走行車両とぶつかることもある。このような人たちにとっても、視覚障害者用誘導ブロックは、安全に歩行するためにたいへん役立っている。

※視野狭窄では、視野が欠損しているところ以外は、問題なく見えているという、上記の説明で例としてあげたような人ばかりではありません。
視野狭窄は、目の疾患によって起こるためその影響で、見えている部分もはっきりとは見えないことも多くあります。

## 〈コラム〉
## 薄暮時間帯と視力

●警察庁によると、2015年から2019年の5年間に、薄暮時間帯（日没時刻の前後1時間）に、交通死亡事故が多く発生しています。これは、薄暮時間帯に見かけ上の視力が低下しているためと思われます。照度が徐々に低下していくことによって、視力が低下することはワークで体験したと思います。それなら夜間に事故が多発することになります。薄暮時間帯にかぎって、なぜこのようなことが起きるのでしょうか。

●まず、薄暮時間帯における急激な照度低下が考えられます。まだ明るいと思っていたのに、急激に暗くなるように感じます。しかし周囲は日中と同じように見えているような感じがします。じつはこの時点で、運転者、歩行者ともにかなりの視力低下が起こっていると思い

ます。また季節としては、10〜12月にかけて薄暮時間帯の事故が多くなっています。

●秋になって急激に日の入りが早くなったと感じることを表す比喩表現として「つるべ落とし」という表現がよく用いられます。まだ明るい時間のはずだという思い込みが、つるべ落としのように急激な視力低下に気づかなくなっているためだと考えます。

●それでも若年者は急激な照度変化が起こっても暗順応しやすく、視力低下もさほど大きくないのですが、中高年では順応しにくく周囲の状況がそのまま視力低下につながります。これも若いときから徐々にこうした傾向になっていくことから、気づきにくいのかもしれません。

●警察庁では、自動車運転者は前照灯の早め点灯とともに、歩行者や自転車利用者は明るい服装、反射材・ライトを活用することを推奨しています。これはいずれも周囲とのコントラスト（輝度比）を高めるためだと解釈できます。

# 5—色覚障害を体験する

## 色はどのようにして見えるのか

色は音と同じように「波長」として表されます。赤い色は波長が長い、青い色は波長が短いといった性質はよく知られています。

私たちの目は、網膜に映った映像を3種類の錐体という視細胞がそれぞれ感知して色を見分けます（図1）。錐体は、赤、緑、青などの色によって感度が異なるものからできています（図2）。

ところが先天的に、特定の錐体の感度が弱く特定の色を感知することが困難で、他の多くの人と異なる見え方をする人がいます。この状態の人を「色覚障害」「色弱」「色盲」などとよんでいます。また、医学的には色覚異常とよんでいます。

色覚障害者は、軽度な人を含めると、わが国では男性において5%存在するともいわれています。そうした人々にとって、まちにある案内表示、サイン、電光掲示、非常用避難経路案内はどのように見えるのでしょうか。また、家庭や職場にある電子機器などの表示はどのように見えるのでしょうか。これによって、まちを歩きにくい、製品が使えないといったことが起こっているかもしれません。

## 色覚障害者の見え方

医学的には、色覚異常といいますが、もともと色の感覚は人によって個人差が大きく、「見え方の多様性」という観点からは一概に「異常」とはいえないのではないかという考え方もあります。CUDO<sup>注)</sup>では図3に示すような別の言い方を提言していて、わが国ではこの考えが広

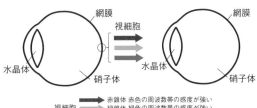

赤錐体 赤色の周波数帯の感度が強い
緑錐体 緑色の周波数帯の感度が強い
青錐体 青色の周波数帯の感度が強い

[図1] 視細胞による色の見分け方

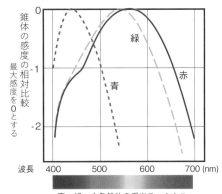

青、緑、赤各錐体の受光スペクトル

緑錐体と赤錐体は受光スペクトル（受け持つ波長）が重複している部分が多いが、波長が長い方では受光スペクトルに違いが出てくる。

〈出典〉岡部正隆、伊藤啓：色覚の多様性と色覚バリアフリーなプレゼンテーション
第1回色覚の原理と色盲のメカニズム、細胞工学Vol.21 No.7、p.734、秀潤社、2002年

[図2] 3つの錐体とその感度

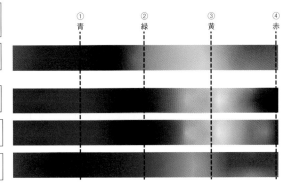

[図3] おもな色覚障害の種類による色の見え方

注）CUDO:NPO法人カラーユニバーサルデザイン機構

まっています。

　図3は、いちばん上の色見本を正常（一般色覚者C型）とすると、色覚障害者の中でもっとも多いとされているP型、D型の見え方は次のようになります。

①青は、ほぼ青のまま認識

②緑は、黒っぽい黄土色のように認識

③黄は、ほぼ黄のまま認識

④赤は、黒っぽい黄土色のように認識

　また、白や黒のような無彩色は、おおむねそのまま認識されます。

一般色覚者C型

色覚障害者P型

[図4] 色の見え方を比べてみる
上の写真をレタッチソフト（フォトショップ）で「P型」に変えものが下の写真。緑、赤は黄土色のように見える。

---

〈コラム〉
# 色はどのようにして表現するのか

●日本語には、赤、青、黄色などといった色を表現することばが数多くあります。しかし、同じ赤でも深紅のようなとか、鮮やかな赤とか、微妙な色彩の違いをことばで正しく表現することは容易ではありません。

●現在では1931年に国際照明委員会（CIE）により国際的に定められた色の表示法によるCIE表色系（CIE color metric system）が用いられ、XYZ表色系ともいいます。右図のようにx、yで色を表示します。この(x, y)を色度座標といい、xy色度図による色表現が使用されています。

●これは色を空間軸として表していて、人間が認識できる色の範囲をおおむね右図の範囲として定め、この色空間の中に存在する色を横のx軸、縦のy軸で表現するようになっています。

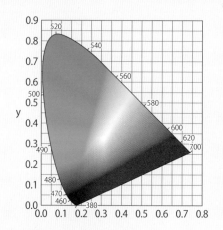

CIE表色系による色の表示方法
x、yの座標で色を表す。

●図を見てわかるように、xが大きい、右端の色は赤色、yが大きい、上端の色は緑色といったことがわかります。

●これとは別に、顕色系とよばれている「マンセルの表色系」はよく知られています。これは、色を色の3属性（色相、飽和度、明度）によって、記号、番号を用いて色を表現しています。建築やインテリアの分野では、この属性がよく使われています。

# WORK 6

さまざまな**場所**の**色**を
**数値**で**表してみる**

〈課題〉

さまざまな場所の色を計測してみよう。

計測には、「色差計」を使う。

計測する色の部分に前方のレンズをあてて計測すると、
色がxy座標系の数値で表示されます。併せて、色見本を
用いてそれに近い色見本番号を探し出そう。

II

視覚・視力と環境

色差計のしくみ

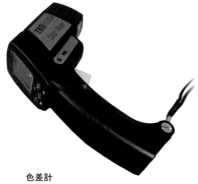

**色差計**
いくつかの色について色彩の測定を行い、
色彩について考察する。

**色見本**

| 測定場所 どこで（場所）なにを見た場所が<br>特定できるように具体的に | Yxy表色系値 | それと近い色に<br>見える<br>色見本番号 | 色見本の<br>Yxy表色系値 |
|---|---|---|---|
| 視覚障害者誘導用ブロック<br>（照度測定のときと同じ場所） | Y記載不要<br>x(　　　　)<br>y(　　　　) | | Y記載不要<br>x(　　　　)<br>y(　　　　) |
| 上記ブロックのすぐとなりの舗道面 | Y記載不要<br>x(　　　　)<br>y(　　　　) | | Y記載不要<br>x(　　　　)<br>y(　　　　) |
| | Y記載不要<br>x(　　　　)<br>y(　　　　) | | Y記載不要<br>x(　　　　)<br>y(　　　　) |
| | Y記載不要<br>x(　　　　)<br>y(　　　　) | | Y記載不要<br>x(　　　　)<br>y(　　　　) |
| | Y記載不要<br>x(　　　　)<br>y(　　　　) | | Y記載不要<br>x(　　　　)<br>y(　　　　) |
| | Y記載不要<br>x(　　　　)<br>y(　　　　) | | Y記載不要<br>x(　　　　)<br>y(　　　　) |

# WORK 6

# 解説
## 色の物理量としての把握

色の構成原理、
そして色の名前を量的（数値）として表す方法を身につける。

　考察してほしいのは、まず、次のことがあげられる。

　ワークを通して、どのような感想をもったか、また、色差計で計測したものと、自分の目で見て選んだ色見本と一致したものがあったか、一致しないものはどうなのかなどである。

　色がどのような構成要素によってつくられているのか、そして色の名前を量的（数値）で表すにはどうしたらよいかについて説明と体験ができるのが望ましい。

　色の定義、数値化については、国際照明委員会により国際的に定められたCIE表色系はわかりにくいかもしれない。この部分については、完全に理解しなくとも差し支えないであろう。色を絶対尺度といった物理量で表すための色差計を使って、さまざまな色が数値化できることを知ることが色を知る第一歩となる。

　計測の過程において、視覚障害者誘導用ブロックの「黄色」もさまざまな色があることに気づく者もいるかもしれない。

　まずは身近にあるものからそれがどのような数値となるのか、それとよく似た色見本とはどの程度数値が一致するのか。こういった経験を繰り返していくとCIE表色系の座標の意味がわかってくる。

　本実験では、これをもってまちに出てさまざまな物を計測することはしない。実験のねらいは、色を物理量として表すことができることを知ることであり、公共施設、道路計画、サイン計画の問題点を感じた場合、それぞれの色を計測し、どのような数値が出てくればよい組み合わせなのか、といった研究に発展することが期待される。

### 〈実験指導者へ〉

　本来個人差があり、また男性には一般的な色とは別の見え方をする、あるいはシミュレーションをしても結果に変化がわからないといった人が多数存在します。これは本人にとってたいへんセンシティブな問題となることがあります。

　この対策として、実験に参加しない選択肢を与える、人との比較をさせないといった教育的配慮が必要なことがあります。

# WORK 7

## 色覚障害による色の見え方を体験する

〈課題〉 市販のシミュレーションレンズを使って、
色覚障害による色の見え方を体験してみる。

スマートフォンやパソコンを使って、
同様なことができるが、
それについては、次頁を参照してほしい。

月　　日　時刻　　　　天候

| 測定場所 どこで（場所）なにを見たか 場所が特定できるように具体的に | 使用したレンズ | どのように見えたか |
|---|---|---|
| 視覚障害者誘導用ブロック（WORK2課題の 照度測定のときと同じ場所） | | |
| | | |
| | | |
| | | |
| | | |
| | | |
| | | |

WORK
7
解説

〈色覚障害と環境、色覚障害シミュレーション〉

　色の見え方はすべての人々が同じではなく、一人ひとりが違った見え方をしているというのが通説である。それでも日常生活ではほとんどの人々が困ることはない。しかし、社会においては多くの人々の見え方を前提としたデザインによってさまざまなものができている。よって、他の人々と著しく異なった見え方をする場合、サイン計画や掲示板、ホームページなどにおいて読むことができないといったことが起こる。

　こうした原理的なことについては、視細胞の役割についてある程度説明しているが、これについても十分理解ができていないままシミュレーションを行っても差し支えない。視細胞は人々の顔が違うのと同じで、さまざまな個性によって構成されているということを知ることができればそれでよいと考えている。

　とはいえ、色覚障害者に多いパタンを知っておくことは、社会におけるさまざまなデザインの評価に有効である。少なくとも、どういった色の組合せは区別がつきにくいのか、本書にある数パタンは覚えておくとよい。そのうえで、シミュレーションレンズによってさまざまな物の見え方を体験するとよい。

　どのような色の組合せがわかりにくい、わかりやすいといったことを最初に体験するのである。

　これらの体験結果を整理し、考察することは初学者にとって意外とむずかしいかもしれない。周囲にあるものが、色覚障害を説明するサンプル写真のようなはっきりとしたものではないからである。したがって、観察、考察の過程は「間違い探し」のゲームのようでもある。観察を指示する者は、これから本課題はまちの「間違い探し」を行う、という指示をしてもよいかもしれない。

　グループ討議ができる時間があるのなら、自分たちが探せなかった「間違い」を知ることができる。その場合、携帯カメラを持参させてそれらの「間違い」を集めてみるのも興味深い。

〈スマートフォンやパソコンを使ったシミュレーション〉

　これ以外に、スマートフォンのカメラ機能を使って、4種類の色覚障害をシミュレートする無料アプリが複数存在する。アプリの配布サイトから「色弱」「色覚」「色覚障害」「色盲」といった語句で検索する（図1）。

　また、画像をパソコンで変換して大きな画面で見ることができるものもある。フリーソフトとしてインストールするものと、画像をWebサイトにアップロードするタイプのものがある。

　p.102で紹介したが、画像処理ソフトにもこの機能をもつものもあり、Adobe Photoshop（フル機能版）の場合は、P型、D型が選択できる。

C型一般型

D型

P型

T型

［図1］スマートフォンのアプリを用いたシミュレーション
（Chromatic Vision Simulator ／ Kazunori Asada 2018）

# 聴覚・聴力と環境

音の聞こえ方の違いと騒音を体験する

# 〈本章で学ぶこと〉

耳栓をしたり、耳をふさぐと音の聞こえない人の世界を一時的に体験することができます。

それでは、高齢者や聴覚障害者は、実際には、どのような音の世界にいるのでしょうか。

多くの場合、まったく聞こえないという人のほかにも、少しは聞こえる、特定の音、

特定の会話だけが聞こえない（よく聞こえる）という人もいます。

◎

まちでは、私たちはさまざまな音に囲まれて生活しています。

駅や道案内、商店などでも音が発せられています。それらは防災無線（放送）のように、有用な情報、

絶対に必要な情報もあれば、無用な情報も紛れ込み、それらが有用な情報の

聞き取りや理解を妨げている場合があります。また、無用な騒音は、不快なだけではなく、

人々に健康被害を及ぼすこともあります。このように、音は人々の生活に大きな影響を与えています。

◎

こうした音の聞こえ方、音の大きさ、音の質について数値で表すこともできます。

自ら測定し、この数値の意味することを理解することで、音環境に関する一定の評価が

自分自身でできるようになり、また発している音に対して改善提案がより具体的にできるようになります。

◎

本章では、聴覚メカニズムといった耳鼻咽喉科学的な聴覚障害への対応だけでなく、聴覚障害による

音の聞こえ方を体験し評価し、身近な環境の騒音を測定するとともに、騒音基準を参照しながら

評価してみようと思います。さらに、騒音レベルはさほど高くないのに、近隣の保育施設や公園における

子どもの声が気になるのかといった音を心理面から捉えること、そして発達障害者などにいっしょに

見られることが多い「聴覚過敏」についても言及したいと思います。ここでは、次のことを中心に述べます。

・高齢化による聞こえの変化　・騒音防止（生活圏内への騒音侵入の防止）

◎

これらを客観的に評価し、改善の糸口を見つけるためには、どうしてもdB（デシベル）といった

単位を扱う必要があります。また、音の高さ（高音、低音など）を表す周波数に関する理解も必要となります。

これの理解はむずかしいかもしれませんが、本書では計算式として理解しなくとも、

体感的にこれらを理解していくことが可能なようになっています。

## 〈音の大きさを表す方法〉

### 音の大きさの物理量

　人間の耳は、そばで蚊が飛ぶような微少な音から、雷や航空機の騒音のように非常に大きな音まで、音の大きさ（エネルギー）をたいへん広い範囲を認識することができます。聞き分けられる最小値20マイクロパスカル（$\mu$Pa）[注]から耳をつんざくような最大可聴範囲100パスカル付近までのエネルギーの差は100万倍以上にも及びます。

　このようにたいへん広い範囲の音の大きさを聞き分けられる私たちの耳ですが、音の大きさを表すときに、このエネルギー量で表示すると値の範囲が百万倍を超え、大きすぎて扱いにくくなります。

### 音のレベルを表す単位 [dB]

　そこで、騒音などをはかるときの音の大きさを表すために [dB]（デシベル）という単位を使います。

　これは、図1のように定義されます。大きな音圧の範囲を、対数を用いることで0～120程度の狭い範囲で音のレベルを表すことができます。

注）20マイクロパスカル（$\mu$Pa）とは、100万分の20パスカルのこと。
これを「0dB」と定義している。また、1パスカル（Pa）とは、圧力の単位。
1㎡に1Nの力が作用するときの圧力。

$$LA[dB]= 10 \log ( pA^2/Po^2 )$$

Pa:音圧のA特性補正値
（聴覚の感覚が周波数によって異なるので補正）
$Po^2$:20 $\mu$ Pa
（人が聞こえるもっとも小さい音に設定した）
$pA^2/Po^2$:音の強さ
（聞こえるもっとも小さい音の何倍かで表す）

［図1］ **騒音レベル LA[dB]**（デシベル）

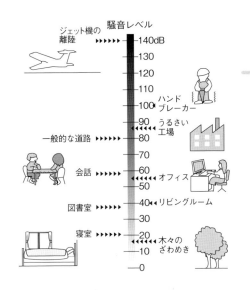

［図2］ **身の回りの音圧レベル**

| 0dBを1としたときの 音圧の倍数 | | 音圧レベル dB デシベル | 音の強さ w/m² ワット平方 メートル | 音圧 Pa パスカル |
|---|---|---|---|---|
| | 10,000,000 倍 | 140 dB | $10^2$ | $2×10^3$ |
| 約 | 3,160,000 倍 | 130 dB | 10 | $10^2$ |
| | 1,000,000 倍 | 120 dB | $10^0$ | 20 |
| 約 | 316,000 倍 | 110 dB | $10^1$ | 10 |
| | 100,000 倍 | 100 dB | $10^2$ | 2 |
| 約 | 31,600 倍 | 90 dB | $10^3$ | 1 |
| | 10,000 倍 | 80 dB | $10^4$ | $2×10^1$ |
| 約 | 3,160 倍 | 70 dB | $10^5$ | $1×10^1$ |
| | 1,000 倍 | 60 dB | $10^6$ | $2×10^2$ |
| 約 | 316 倍 | 50 dB | $10^7$ | $1×10^2$ |
| | 100 倍 | 40 dB | $10^8$ | $2×10^3$ |
| 約 | 31.6 倍 | 30 dB | $10^9$ | $1×10^3$ |
| | 10.0 倍 | 20 dB | $10^{10}$ | $2×10^4$ |
| 約 | 3.98 倍 | 12 dB | | |
| 約 | 3.16 倍 | 10 dB | $10^{11}$ | $1×10^4$ |
| 約 | 2.00 倍 | 6 dB | | |
| 約 | 1.41 倍 | 3 dB | | |
| | 1 倍 | 0 dB | $10^{12}$ | $2×10^5$ |
| 約 | 0.71 倍 | -3 dB | | |
| 約 | 0.50 倍 | -6 dB | | |
| 約 | 0.25 倍 | -12 dB | | |
| | 0.10 倍 | -20 dB | | |
| 約 | 0.032 倍 | -30 dB | | |
| | 0.010 倍 | -40 dB | | |
| 約 | 0.0032 倍 | -50 dB | | |
| | 0.0010 倍 | -60 dB | | |
| 約 | 0.00032 倍 | -70 dB | | |

←20$\mu$Pa
これを人間が聞こえる
もっとも小さい音にした

Pa（パスカル）

音圧レベルdB（デシベル）と
音圧Pa（パスカル）の関係をグラフ化

［図3］ **音の強さと音圧レベル（dB）**

## 〈人に聞こえる音の特性〉
### 周波数ごとに異なる人の耳の感度

　音域の高低が聞こえ方とどうかかわるだろうか。音の周波数が20Hz(ヘルツ)といった低い音から20,000Hzの高い音まで、同じ音のエネルギーだったら同じ大きさに聞こえるかを試したのが図4です。じつは人間の耳の感度は、このように、一定ではありません。この図は「等ラウドネス曲線」とよばれ、縦に音圧レベル(dB)、横軸に周波数(Hz)との関係を示したものです。

　同じ音のエネルギー(図では同じ線)なら、2,000〜4,000Hzあたりがもっとも低い音圧レベルでも聞き取れます。すなわち感度がいい周波数といえます。逆に左側の低音域や、右側の高音域は、大きな音圧レベルにしないと同じような大きさに聞こえないことを表しています。

　最上部の100phon(フォン)という非常に大きな音の線ではこの差が少ないのですが、20phonや人の最小可聴値あたりでは、この差が大きく、低音や高音がより聞き取りにくいということが起きます[注]。

### [dBA] デシベルエー(A特性)

　環境音(騒音)測定に用いる測定器(p.120参照)では、人が低音域と高音域の感度が低いことから、通常こうした特性を補正して音圧レベルを表示します。この補正した値を[dBA] デシベルエー、騒音計では、こうした補正値を表示するための変換をA特性変換とよんでいます。

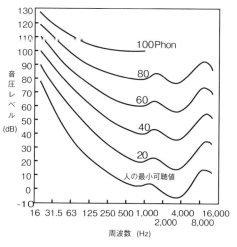

[図4] 等ラウドネス曲線 (ISO 226:2003)
ある周波数の純音が、1,000Hzの純音のxdBと等しい大きさであるとき、その純音の「ラウドネスレベル(loudness level)はxphonである」という。この図では、「人の最小可聴値」を下限に、20~100phonの20phon刻みに5つの音のエネルギーの異なるものを並べた。

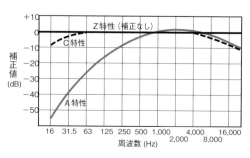

[図5] 騒音計による、A特性を補正したグラフ
人の感度がよい1,000 〜 2,000Hz以外の周波数帯はグラフで表すように感度が低下しているので、低下している周波数帯の音圧は、聴感上あまり影響しないと見なして、実際の人の聴感上のうるささに近づけているものがA特性である。

注) 実際の例では、音楽を聴くオーディオ機器では、夜間などにおいて音量を小さくすると低音域が著しく減少するように感じます。
そのため、機器によっては音量を小さくしたときに、低音域のみを増加させる機能を付加して、聴感上補正する機能があります。
メーカーによっては「ラウドネス」機能といったりしています。たとえば、
・31.5Hzの音を、2,000Hzの音と同じと感じるためには、より多くのエネルギー(音圧)をかけなければならない。
・8,000Hzの音を、4,000Hzの音と同じと感じるためには、より多くのエネルギー(音圧)をかけなければならない。

## 〈聴覚のメカニズム　聞こえるということ〉

　音は耳の中の鼓膜が振動して伝えられることはよく知られています。鼓膜に伝えられた音は、鼓膜の中側の中耳といわれるところにある3つの微少な骨の組合せで機械的に振動が伝えられ、蝸牛（管）へと伝わります。蝸牛は、カタツムリのような形をしていることからその名がつきましたが、この丸まった部分をモデル化して延ばして提示したのが図6です。

　蝸牛の中には、リンパ液が入っていて、振動でリンパ液も振動します。それを産毛のような感覚細胞（有毛細胞）がとらえて電気信号に変え、蝸牛神経から脳へと伝わります。

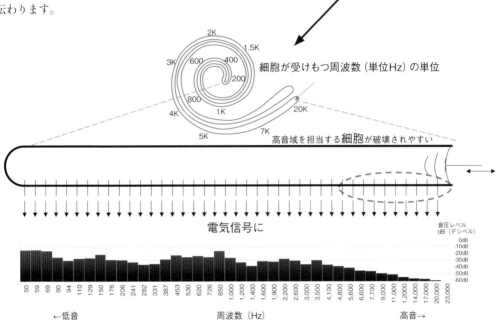

[図6] 耳の構造と蝸牛部分のしくみ

　図6のように、有毛細胞は、受けもつ音の周波数が決まっています。とくに高音部を受けもつ有毛細胞は、外部からの継続的な騒音や、高齢によっても物理的に傷つき、破壊されやすいといわれています。

　人が認識できる周波数（音の振動数）は、1秒間に20〜20,000Hzといわれています。高齢になると10,000Hz以上の高音域が聞こえなくなることはよく知られています。

## 〈聴覚障害の種類〉

### 伝音性難聴

鼓膜や中耳内の音伝達機構のトラブルによって、外からの空気振動が蝸牛までうまく伝わらないことによる難聴です。特徴として、小さな音が聞こえにくいのですが、言葉の明瞭さは失われないので、音を拡大する補聴器は有効です。

### 感音性難聴

内耳（蝸牛）、聴神経のトラブルによって、音が聞こえにくくなり、言葉の明瞭さにも影響があります。騒音性難聴、老人性難聴、突発性難聴などがあります。

### 年齢と難聴

高齢者の難聴はよく知られていますが、難聴は年齢によって徐々に進んでいます。図7に示すように、最小可聴値の年齢変化を見ると、男女とも20歳あたりがもっともよく聞こえています注)。その後、徐々に低下し女性では40歳代、60歳あたりから音圧レベル10dB程度の低下が、70歳代では男女ともに20dB程度の低下が見られます。

### 周波数と音圧レベルの範囲

図8は、周波数と音圧レベルの範囲を示したものです。生活上もっとも重要な会話（人の声）は、周波数では100Hzから8,000Hz（中心は200Hzから2,000Hzくらい）で、音圧レベルの範囲は40dB～70dBです。図8に示すように、聴力の損失（デシベル）によって、生活上どのような障害があるのかを話者との距離別に表しています。これによると、45dB程度の損失では話者との距離が3m程度であれば、ほぼふつうの声が聞き取れることを表しています。

注) これを0dBとしている。

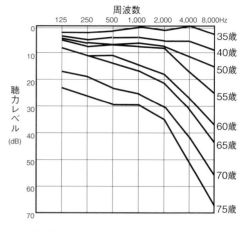

［図7］日本人男性の年齢層別平均気導オージオグラム

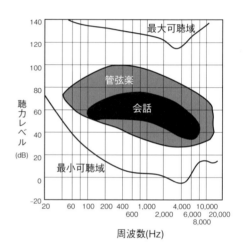

［図8］聴覚閾値と会話の声の範囲

［出典］
［図7］S. Hesselgren : Man's Perception of Man-Made Environment, p.64(1975), Dowden, Hutchinson & Ross. Inc
［図8］ 田村明弘（日本建築学会 編）、"高齢者のための建築環境"、彰国社(1994)

112

# 聴覚障害を体験する

**WORK 1**

〈課題〉 高齢者、騒音性難聴で高音域がとくに
聞こえなくなったりした場合、日常的な音は
どのように聞こえるのかを体験してみよう。

[図1] 多機能高精度テスト信号発生ソフト
（WaveGene）

実験では、任意の周波数とレベルで音を
出すことができるアナログ発振器をシミュレートした、
図1の信号発生機能をもつソフトが、
フリーウェアとしてインターネット上に複数
配布されているので、それを使う。
これをオージオメータという注1)。

〈実験方法〉
表1の順番で、さまざまな周波数と
レベルを組み合わて、スピーカーから音を出してみる。
①…もっとも聴覚の感度が高い2,000Hzからはじめる。
自分にとってちょうどよい大きさの音にボリュームを
調整する。これを0dB（基準となる音）に設定する。
②…0dBのままで、周波数を低い方へ移動する。
再び2,000Hzに戻って、周波数を高い方へ
移動していく。それぞれ同じ音圧レベルだが、
どのように聞こえが異なるか。
③…再び2,000Hzに戻り、こんどは音圧レベルを
0dBから-20dBへと-60dBまで実施する。それぞれ
同じ周波数だが、どのように聞こえは異なるか。
④…これを各周波数で0dBから-60dBまで実施する。
周波数の違いによって、音圧レベルを下げてくと
どのように聞こえるか。

[表1] さまざまな周波数とレベルの組合せで実施するその順番 注2)

|  | 250Hz | 500Hz | 1,000Hz | 2,000Hz | 4,000Hz | 8,000Hz | 10,000Hz |
|---|---|---|---|---|---|---|---|
| 0dB | 4,21 | 3,17 | 2,13 | 1,5,9 | 6,25 | 7,29 | 8,33 |
| -20dB | 22 | 18 | 14 | 10 | 26 | 30 | 34 |
| -40dB | 23 | 19 | 15 | 11 | 27 | 31 | 35 |
| -60dB | 24 | 20 | 16 | 12 | 28 | 32 | 36 |

注1）オージオメータ（audiometer）
純音を用いて聴力を測定する機器。音の周波数と強さをダイヤルによって調整し、さまざまな高さの音を電気的に発することができる。
注2）実験は36パタンにも及ぶので、時間が限られているときは、適宜、周波数や音圧レベルの組合せを省略してください。

# WORK 1

# 解説
## 聴覚障害と聞こえ方

音は小さいにもかかわらず明瞭な音とは、どのような周波数で構成されているのか。
「バリアフリーなアナウンス」とは、なにか。

音の高さ（高音、低音）を、440Hzなどといわれても実際にはよくわからない。だから、高齢者は10,000Hz（10kHz）以上の音は聞こえない、といわれているが、それはどのような音か想像できない。最近ではフリーソフトでこうした音をパソコンでつくり出してスピーカーで鳴らし、さまざまな高さの音を発生するサイトなどもあり、こうした検証が容易にできるようになった。

このような混じりけのない純音を聞く機会はあまりないが、高齢者が聞こえなくなる音の高さの音域をある程度知ることはできる。最近では公共施設の情報アナウンスは、だれもが聞きやすい音サインとしての音響設計がなされている場合がある。単に音の大きさを大きくするだけでは不快感が増加するが、小さくすると内容がわからなくなる。では、音は小さいにもかかわらず明瞭な音とは、どのような周波数で構成されているのか。どのような声質がそのように聞こえるのかといったことは、音環境評価に使うことができる。これらは、本書の実験において示していないが、本ワークブックの課題がそれへの発展となる可能性はある。

携帯型の音楽プレーヤーやスマートフォンの音楽再生アプリ、パソコンの音楽再生ソフトには、音の高さ（低音域-高音域）を増減して、自分の好みの音にするコントロール機能がある。これを使って、たとえば8,000Hz以上を

できるだけマイナスに絞り込んだりしてみると、同じ音楽においても高齢者の聞こえ方が少しは体験できる。4,000Hz以上にこの操作を加えれば、若年性の難聴者の多くに当てはまるような聞こえ方となる。実験者が録音した駅のアナウンスや案内放送、防災無線の音を、音楽のかわりにスマートフォンやパソコンに入れて聞いてみれば、同様に難聴者や高齢者がどのような聞こえになるのかを体験できる。これによって、まちにあるさまざまな音がどのような周波数成分でできているのかがわかるようになる。

一般に高齢者や耳に障害をもつ人にも聞き取りやすい「バリアフリーなアナウンス」は、聞き取りやすい周波数帯をたくみに用いたものであったのだ。

なお、本書では直接言及していないが、発達障害などによって「聴覚過敏」という障害をもつことがある。そうした人々にとって不快な音とは、必ずしも多くの人々が不快に思うような音ばかりではない。これらについては、まだよくわかっていないが特定の周波数成分をもっていたり、発音の断続的な周期や揺らぎ方が不快感に影響を与えているかもしれない。本書の実験を通して、さらにそのような探求への発展していくことを期待している。

# WORK 2 聴力をはかる

**〈課題〉**

スマートフォンのアプリ、もしくは聴力測定機器を
用いて、聴力を測定しよう。
周囲の騒音が入らない防音室内で行うか、
防音室がない場合には、窓を閉めた静かな部屋で、
冷暖房や換気の空気調節設備を停止しよう。

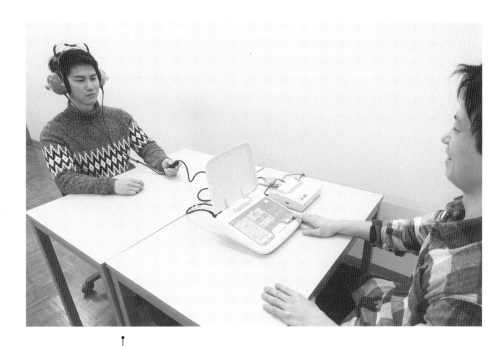

〈実験方法〉
①…実際の聴力測定は、図のような専用の機器を使用して、
被験者はヘッドセットを装着したら、応答用ボタンをもって、
音が聞こえている間はボタンを押す。
②…測定がスタートすると、左右の片耳ずつ異なった
周波数の音が、それぞれ小さな音から大きな音まで断続的に聞こえてくる。
音が聞こえている間はボタンを押す。
測定器はこれらをすべて自動で行う。
両耳でも数分で終わるが、被験者の応答がはっきりしないときは
自動的に繰り返されるので、時間がかかる。
③…すべて終わると結果がプリントされるので、
用紙にその結果を転記する。

WORK 2 解説

聴力測定機器は、本書で扱うもっとも高価な機器である。これを代替するスマートフォンアプリも紹介するが、そもそもこの実験を行う理由は自身の聴力を知るということよりも聴力検査という場面を通して音の大きさ（デシベルの概念）と周波数（ヘルツの概念）を感覚によって体験するためである。

したがって、スマートフォンアプリやパソコンのフリーソフトによって、さまざまな周波数の音を、さまざまな音の大きさで聞くことが重要である。これが体験できれば、この実験（体験）は、省略してもよいと考えている。

図1は、20歳代における結果である。周波数ごとに、下側に聴力レベル0〜120dBの目盛りがふってある。この正の値は、聴力レベルの損失を表している。周波数によって10dB程度の損失となっているが、ほぼ正常とみなされている。

ちなみに、図4は、筆者（60歳）の結果である。8,000Hzにおいて30dB、60dBの損失があるが、年齢を考慮すると医学的には問題がないとされている。それ以外の周波数では、この年齢ではむしろ損失は少ない。

学校の教室などで行う聴力検査では、ふだんはあまり意識しないが、冷暖房や換気等空調機の音が低いレベルで出続けていることが多い。こうした環境下では、250Hz以下の低音域がこの音と一致し、聞き分けが困難となり低域の聴力低下が認められるような結果となる。このようなことが起こることを実験

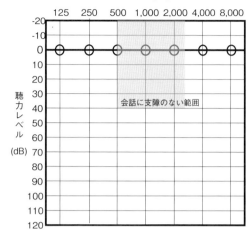

［図1］**20歳代の正常なオージオグラムのイメージ**

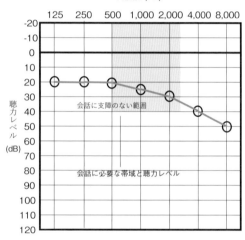

［図2］**40歳老人性難聴のオージオグラムのイメージ**
会話にはそれほど不自由を感じない

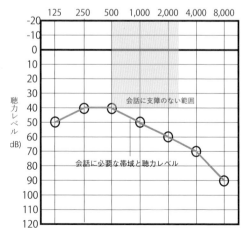

［図3］**60歳老人性難聴のオージオグラムのイメージ**
会話に支障が出てくる

者にあらかじめ伝えておくのがよいであろう。

　交通騒音、それ以外の生活騒音がわずかに聞こえるような場所においても、発生している騒音の中心周波数が聞き分けにくくなり同様に聴力が低下しているかのような結果となる。とはいえ、このことは別の意味で興味深い。すでに述べたように、市街地では室内において静かな環境と思っていても、40dB程度の騒音(暗騒音)は出現している。実験者に共通して見られる「聴力低下が認められるような結果」となる周波数帯と暗騒音の関係は一致する。

　発達障害などによって「聴覚過敏」という障害をもつ人は、こうした音が他の音と比較して連続的、もしくは断続的に過剰に大きく聞こえたりすることがあり、生活に支障をきたすことが少なくない。

　こうした者が実験者にいた場合、心身の体調に影響を及ぼす不快な体験となることから、その場合は実験を続けてはならない。

## 聴力測定用スマートフォンアプリの紹介

●聴力測定機器は医療機器でもあり、高価であるが、これと同等の機能を簡易的に計測するスマートフォンのヘッドホンやイヤホンを付けて、簡易的に聴力測定を行うアプリが多数あります。

●無料アプリ提供サイトから"聴力測定""オージオメーター"などで検索します。下記アプリのように、結果のグラフ表示機能があるものもあります。

●本来の聴力測定機器は、常に正しい周波数と音量でヘッドセット(ヘッドホン)から音が出るように、メーカーによる校正が必要です。このアプリでは、そうした校正のかわりに聴力低下のない(と思われる)20歳代の人にはじめに使用させ、この結果をすべての周波数帯で0dB(聴力損失なし)としたうえで基準値としています。

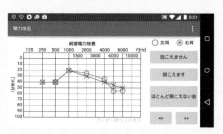

聴力検査(Marcin Masalski)

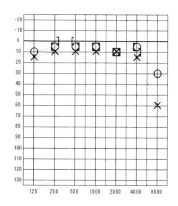

2016/02/25 14:39:36

[図4] 筆者の側手結果(60歳時)
]〔のような記号は、骨伝導といった測定法の結果が併せて記載されている。これらの聞こえ方の違いから、疾患などを特定できる場合がある。(検査機関:日本大学病院)

表1は、日本聴覚医学会難聴対策委員会(2014年7月)の難聴の程度分類である。世界保健機関(WHO)の難聴分類と比較すると、WHOでは高度難聴や重度難聴がやや軽度な損失でも難聴に分類される。

また、表2には、わが国における障害者手帳の交付レベルとなる条件をまとめた。両耳がまったく聞こえない状態でも2級までで、1級にはならない。

[表1] 難聴の程度分類

|  | 聴力レベル(dB) | 自覚内容 |
|---|---|---|
| 正常 | 25dB未満 |  |
| 軽度難聴 | 25dB以上40dB未満 | 小さな声や騒音下での会話の聞き間違いや聞取り困難を自覚する。会議などでの聞取り改善目的では、補聴器の適応となることもある。 |
| 中等度難聴 | 40dB以上70dB未満 | 普通の大きさの声の会話の聞き間違いや聞取り困難を自覚する。補聴器の良い適応となる。 |
| 高度難聴 | 70dB以上90dB未満 | 非常に大きい声か補聴器を用いないと会話が聞こえない。しかし、聞こえても聞取りには限界がある。 |
| 重度難聴 | 90dB以上 | 補聴器でも、聞き取れないことが多い。人工内耳の装用が考慮される。 |

[表2] 聴力損失レベルと障害等級

| 等級 | 聴覚障害 |
|---|---|
| 2級 | 両耳の聴力レベルがそれぞれ100dB以上のもの(両耳全ろう) |
| 3級 | 両耳のレベルが90dB以上のもの(耳介に接しなければ大声を理解しえないもの) |
| 4級 | 1.両耳の聴力レベルが80dB以上のもの(耳介に接しなければ話声語を理解しえないもの)<br>2.両耳による普通話声の最良の語音明瞭度が50%以上のもの |
| 6級 | 1.両耳の聴力レベルが70dB以上のもの(40cm以上の距離で発声された会話後を理解しえないもの)<br>2.一側耳の聴力レベルが90dB以上、他耳側の聴力レベルが50dB以上のもの |

# 2 — 騒音をはかり、評価する

騒音については、表1に音の種類と音圧レベルの例を示しています。

日常的におおむね90dB以上の騒音にさらされている（これを暴露といいます）と数年後には難聴が発生することがわかっています。暴露が大きいほど発生する期間が短いのですが、気をつけるべきことはどんなに大きな騒音下で働いていても、その影響がわかってくるのが5年以上、場合によっては20〜30年以上もかかることです。つまり、本人が騒音暴露による難聴になることがすぐにわからないのです。

ポータブルオーディオ機器で、大きな音で日常的に長時間音楽等を聞いていると、若いうち数年間はこれに気づかないのですが、壮年期以降になって難聴の症状が出て、はじめてその影響に気づくという現象と一致します。

日常的に、ある程度の騒音暴露は避けられません。しかし表1に示すように、WHOによる音の許容範囲の騒音、もしくは一日あたりの許容基準時間内に収める必要があります。

また、図1の騒音性難聴の進行例によると、500Hzや1,000Hzといった低音〜中音域ではあまり聴力低下が起こりません。しかし、会話領域にもかかる2,000Hz以上、ことに4,000Hz以上の高音域において経年による低下が著しいことがわかります。

図2では、騒音性難聴の20年後のオージオグラムを示していますが、4,000Hzにおいて、著しい低下があることが特徴です。これは、会話領域にもかかってきますので、日常生活に不便を感じることになります。

[表1] WHOによる音の許容範囲

| 音圧レベル（dBSPL） | 音の種類 | 一日当たりの許容基準 |
|---|---|---|
| 130 | 航空機の離陸の音 | 1秒未満 |
| 125 | 雷 | 3秒 |
| 120 | 救急車や消防車のサイレン | 9秒 |
| 110 | コンサート会場 | 30秒 |
| | 削岩機 | |
| 105 | ステレオ最大のボリューム | 4分 |
| 100 | パワードリルのような木製工具 | 15分 |
| | ドライヤー | |
| 95 | オートバイ | 47分 |
| 90 | 強力な芝刈り機 | 2時間30分 |
| | 耳元で大きな声で怒鳴る | |
| 85 | 街頭騒音 | 8時間 |
| 75 | 皿洗い機の音 | リスクなし |
| 70 | 大きめの会話音（1mの範囲） | |
| 60 | 通常の会話音（1mの範囲） | |
| 50 | 離れた時の会話音（3m） | |

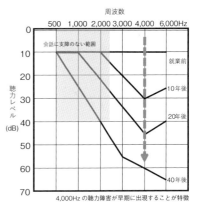

[図1] 騒音性難聴職場にいた場合、難聴の進行イメージ。比較的会話には支障がないため自覚しないこともある

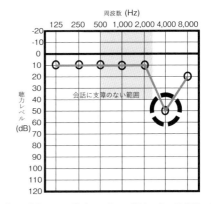

[図2] 20歳代では正常だった者が、騒音の多い職場等に20年間いたことによる騒音性難聴のオージオグラムのイメージ

## 〈騒音計について〉

　騒音の測定には、図3のような騒音計を使用します。先端に付いているグローブ（風防）は、わずかな風でマイクロフォンが影響を受けることを防止するためのもので、通常付けたままにしておきます。

**騒音の測定方法**

1）騒音計の電源を入れる。

2）周波数補正特定Aに設定する。

（[dBA] デシベルエー にするということ）

音の大きさによって、最大レベルを切り替えることができる。これをレンジという。精度よく

はかるためには、適正な測定レンジにする必要がある。

3）騒音測定を行う。

（下記事項をレポートに記入する）

①…騒音の測定結果には場所と時間を記載する。

②…特別な騒音源があった場合には明記する。

③…大きな騒音源がある場合には、騒音源からの距離と騒音レベルの関係を調べる。

④…測定が終了したら騒音計の電源を切る。

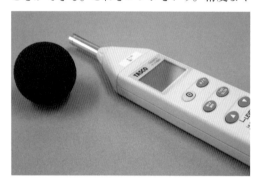

［図3］**騒音計とそのグローブ**（風防）

［図4］測定のようす。騒音計の先端にはグローブがついいている

## 騒音計の
## スマートフォンアプリの紹介

　●騒音測定器は安価なものもあります。それ以外にも、スマートフォンの内蔵マイクを使って、簡易騒音計機能をもたせるアプリが多数あります。スマートフォンの無料アプリ提供サイトから「騒音計」などで検索します。図5のアプリのように、決められた時間内の騒音平均値やグラフ表示機能があるものもあります。これらのアプリは、使われているスマートフォンの機種を認識し、あらかじめ調べてあるマイクロフォンなどの特性によって補正しているものもあり、比較的正確なものが多いようです。き

ちんとした測定器といっしょに使って、補正する機能もあります。

　●騒音計がもつ、周波数帯ごとの補正（A特性）も行われているようです。

［図5］**スマートフォンアプリの騒音測定器**
（sound meter／Abc Apps）

# 騒音をはかる

〈課題〉 室内、住宅内、屋外の騒音をはかり、それらのおもな
騒音源などを調べてみよう。以下の点に留意して、
じぶんなりに騒音を評価し考察してみよう。

［表1］測定場所の例

| 室　内 | 住宅内 | 屋外（天候） |
|---|---|---|
| 教室、実験室（騒がしい） | 居間（テレビ視聴の有無、会話の有無） | 大きな道路（片側2車線以上） |
| 教室、実験室（静か） | 台所（どのような動作をしているか） | 道路の交差点 |
| 会議室 | 寝室、個室（昼間か夜間か） | 道路（片側1車線、またはそれ以下） |
| 体育館 | | 工事現場 |
| 玄関・ロビー | | 店舗・飲食店の中 |
| 廊下 | | 駅の改札口付近、駅のホーム |
| 食堂 | | 走行中の列車やバスの中 |
| 室内の場合、床や壁、天井などの仕上げ材にも注目する。 | | |

［表2］騒音の測定と生活騒音の評価

| 測定場所 | 時刻 | 騒音計による<br>実測値(dBA) | おもな騒音源、その他 |
|---|---|---|---|
| 1 | ： | | |
| 2 | ： | | |
| 3 | ： | | |
| 4 | ： | | |
| 5 | ： | | |
| 6 | ： | | |
| 7 | ： | | |
| 8 | ： | | |
| 9 | ： | | |
| 10 | ： | | |
| 11 | ： | | |
| 12 | ： | | |
| 13 | ： | | |

〈考察のポイント〉
・音がでている場所からの距離との関係。
・通常の会話、大声の会話など、人の声の範囲。
・部屋の大きさや、その部屋の床、壁、天井の仕上げ材料によって変化があるか。
・道路からの騒音（おもに自動車）、道路幅や交通量、周囲に高い建物があるかないか。
・静寂な場所ともっとも騒音が大きいと思う場所との違いはどれくらいでしたか。

# 解説
## 騒音測定と騒音基準

音は音源からの距離が2倍に離れれば、その音のエネルギーは2乗に反比例して低減する。
騒音計の原理を理解し、それが切り落としている音にも関心を向ける。

　騒音は、dB単位で表すことができる。これを実験計測によって感覚的に知ることがねらいである。単に騒音計をもち歩いてさまざまな騒音をはかってきても、どこで体験した音が何dBであったという記憶が残っていればそれは実験の大きな目的を達成したといえる。しかし、多くの場合、測定者は騒音源からの距離を気にしていない。車両の通行の多い大通りや工事現場の騒音をはかることはあっても、同じ騒音源を少し離れた位置ではかることはあまりないので、計測に入る前にぜひともそのことに留意してほしい。

　音は音源からの距離が2倍に離れれば、その音のエネルギーは2乗に反比例して低減する。これは住宅街において、騒音源となる大通りからわずか十数m程度離れた一街区分だけ中に入り込むだけで、騒音は大きく低減したように思える感覚と一致する。この感覚は、測定値ではどのように反映されるのか。騒音源との間に、木の生い茂る公園や山林があると、これはどのように影響するのか。こうした騒音と周囲との関係が体得できれば、さらに高いレベルの目的は達成されたといえる。

　また、この実験を通して、騒音被爆に関する知識を得ることはもう一つの目的である。80dBを超える騒音源は実験中にはあまりないかもしれないが、こういう環境に長くいた場合、将来に難聴などの影響をきたすことは実感としてとらえられるとよい。イヤホンに

よる長時間の音楽視聴は結果的にこうした大きな騒音にさらされていることと同じである。音楽視聴において、どれほどの大きさの音を聞いているのかを騒音測定によって知ることは意味のあることである。

　また騒音の人間への影響について、労働衛生の視点からその基準を知ることによって、周囲の騒音と健康被害について関心がもたれればよいと考える。

　聴覚上、人のもっとも感度がよい周波数帯域では、同じ音のエネルギーであっても聴感上大きく聞こえるという特性がある。騒音測定は、こうした特性を考慮して、人にとってあまり影響がないと思われる低域や高域の周波数帯はあまり計測値に反映しないようにしている。これがA特性である。騒音計はこのような原理でできていることを知る必要がある。というのは、近年健康被害が問題となっている超低域の騒音公害、集合住宅における上階の床からの低周波騒音は、騒音計では数値としてほとんど無視されてしまう。また、10,000Hz（10kHz）を超える高域の音が人間にどのような影響を与えているかは未知である。これも同様に数値化されにくい。

　このことは数値に表れにくいため、不快、あるいは有害な未知の騒音があることをわかりにくくしている。

[表1] **騒音に係る環境基準**（環境基本法、1999年、改訂2012年）

| 地域の類型 | 基準値 | |
|---|---|---|
| | 昼間<br>午前6時から午後10時 | 夜間夜間<br>午後10時から翌日の午前6時 |
| AA<br>療養施設、社会福祉施設等が集合して<br>設置される地域など特に静穏を要する地域 | 50dB以下 | 40dB以下 |
| A　専ら住居の用に供される地域<br>および<br>B　主として住居の用に供される地域 | 55dB以下 | 45dB以下 |
| C<br>当数の住居と併せて商業、工業等の用に<br>供される地域 | 60dB以下 | 50dB以下 |

道路に面する地域は、次表の基準値

| 地域の類型 | 基準値 | |
|---|---|---|
| | 昼間<br>午前6時から午後10時 | 夜間夜間<br>午後10時から翌日の午前6時 |
| a地域のうち2車線以上の車線を有する<br>道路に面する地域 | 60dB以下 | 55dB以下 |
| b地域のうち2車線以上の車線を有する道路に<br>面する地域および<br>c地域のうち車線を有する道路に面する地域 | 65dB以下 | 60dB以下 |

※車線とは、1縦列の自動車が安全かつ円滑に走行するために必要な一定の幅員を有する帯状の車道部分をいう。

幹線交通を担う道路に近接する空間は、特例として次表の基準値

| 地域の類型 | 基準値 | |
|---|---|---|
| | 昼間<br>午前6時から午後10時 | 夜間夜間<br>午後10時から翌日の午前6時 |
| 幹線交通を担う道路に近接する空間 | 70dB以下 | 65dB以下 |

<コラム>
# サウンドスケープデザイン
## 音から環境を考える

●音を通じて、私たち人間へどのように働きかけると、より正確な情報が伝わるのかということだけではなく、私たちの豊かな生活のための重要な環境要素としての音についても探求されています。すなわち、「音の景観デザイン」（サウンドスケープデザイン）は、単なる情報の識別だけでなく、文化的豊かさにもかかわるものと考えられています。

●サウンドスケープデザインは、音のバリアフリー環境をつくる手段としても積極的に使われています。

●私たちになじみがあるのは、「視覚障害者誘導鈴」や「視覚障害者用音響信号機」です。周囲の騒音にあわせた音圧レベルにする、夜間に音を小さくする、必要なときだけ押しボタンによって音響が発せられるといったさまざまな試行錯誤がくり返されています。歴史的に見てもサウンドスケープデザインは、こうした高い公共性をもちながら、ときにはなじみのない環境騒音として人々から嫌われることもあり、その両立のために研究が行われています。
「バリアフリー整備ガイドライン旅客施設編[1]」では、音響によるサイン計画が積極的に取り入れられています。施設の位置や役割を音によって表すものとして、鉄軌道駅の改札口、旅客施設の窓口、エスカレーター、トイレ、鉄軌道駅のプラットホーム、地下駅の地上出入口について、「ピンポーン」またはこれに類似した音響によるものを提唱しています。「向かって右が男子トイレ、左が女子トイレです」といった音声による案内もそれに準拠しています。

●同ガイドラインでは、さらに「高い周波数の音のほうが環境騒音中では注意を引き、聞き取りやすい。しかし、加齢による聴覚機能の減退を考えると、高齢になるほど低い周波数音のほうが聞き取りやすい。両者を考慮すると、音案内として使用する周波数帯域は、基本周波数（その音の一番低い周波数成分）が100Hz〜1kHzの範囲にあることが必要である」としています。本書の実験結果や記載内容と一致するのではないでしょうか。

「警報感」などの音の印象評価として、周波数成分が3,200Hzまでは、ほぼ変わらないが、3,600Hz、4,000Hzの周波数成分が高いと「警報感」が、同周波数成分が低いと「快い」という感覚になるという知見があります[2]。とすると、高齢者に警報装置や緊急地震速報などのような「警報感」を感じてもらうためにはどのようにしたらよいのでしょうか？

●電車が近づく音がすると、乗客がホームの階段を駆け上がるが、行き先方向が逆だった、通過電車だったということが少なくありません。これをきっかけに、乗客がどのタイミングでサイン音を聞くと余裕をもって安全に電車に乗ることができるか、どのようなサイン音が適切かを研究したものがあります。その結果、上り線は音階が上がり、下り線は音階が下がるプラットホーム上のサイン音をデザインした[3]のは、サウンドスケープデザインに積極的に取り組んだ一例だと思います。

〈参考文献〉
日本音響学会 編／岩宮 眞一郎：サイン音の科学 メッセージを伝える音のデザイン論 音響サイエンスシリーズ5、コロナ社、2012年3月
〈引用文献〉
1) 国土交通省総合政策局安心生活政策課：公共交通機関の旅客施設に関する移動等円滑化整備ガイドライン（バリアフリー整備ガイドライン 旅客施設編）（2020年3月版）
2) 小山 泰宏, 岩宮 眞一郎, 小川 龍太郎：スポーツホイッスルの音質評価--合成音を用いた印象評価実験、音響デザイン学聴覚研究会資料、pp.869-874、2010年
3)（フェリス女学院大学と相模鉄道株式会社の共同による）音で暮らしをデザイン：朝日新聞、2017年6月11日朝刊

## WORK 4

# 高齢者や難聴者には、周囲の音がどのように聞こえているかを評価する

〈課題〉　たとえば、次頁の表1のような、まちでよく聞く音やテレビラジオの番組、ジャンルの異なった音楽を加工して聴いてみよう。二つの方法があります。

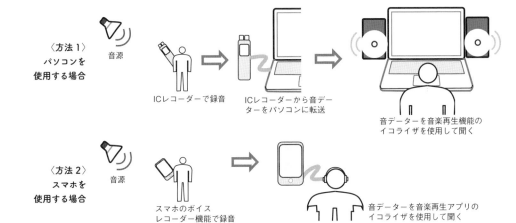

〈方法1〉
パソコンを
使用する場合

音源

ICレコーダーで録音

ICレコーダーから音データーをパソコンに転送

音データーを音楽再生機能のイコライザを使用して聞く

〈方法2〉
スマホを
使用する場合

音源

スマホのボイスレコーダー機能で録音

音データーを音楽再生アプリのイコライザを使用して聞く

〈**方法1…パソコンを使用する**〉
①…対象となる音をボイスレコーダーで実際に録音してきます。録音対象の設定モードがあれば、音楽録音などその機器でもっとも高機能に音が録音できるモードを選びます。
②…録音したものをパソコンに転送します。
③…Windowsパソコンの場合、標準でインストールされている、Groove ミュージック注1)という音楽再生ソフトを起動します。
④…ボイスレコーダーから転送した音を、音楽再生ソフトで聞きます。音楽の場合は、CDや音楽サイトから購入、ダウンロードした音楽ファイルを直接聞きます。
⑤…設定メニューから再生「イコライザ」という機能をクリックします。
⑥…イコライザは、低い音から高い音まで数段階に分けて強調したり、低下させたりできます。調整できる周波数帯域は、中音、中高音といったように具体的な周波数はわかりません。また調整できる範囲も±12dB程度とやや狭いです。それでも高齢者や軽度難聴者の不便さをいくぶん知ることができる。また、録音してきた駅や電車のアナウンス、発車合図音、盲人誘導音（音声ガイド）など、こうした人々でも聞きやすいものはどのような音かをシミュレーションして体験するには十分な機能と思います。
〈**方法2…スマートフォンを使用する**〉
直接音を録音できるボイスレコーダー機能をもつアプリがはじめからインストールされている機種もあります。入っていなければ無料アプリをインストールします。また、音楽再生アプリは、ほぼ入っていると思いますが、イコライザ（トーンコントロールという名称の場合もある）機能が入っていなければ、p.127のようなイコライザ機能の付いている無料アプリからインストールします。これらが入っていれば、スマートフォン一台だけですべてのシミュレーションができます。

注1) Groove ミュージック（グルーヴミュージック）Windowsパソコン における標準の音楽再生アプリ　Microsoft による提供（無料）
注2) Mac対応のアプリ　iTunes　Apple Inc による提供（無料）。図はWindows PC版　イコライザを表示で、イコライザが画面に出てくる。

［表1］録音場所の例

| 室　内 | 屋　外 |
|---|---|
| テレビ、ラジオのニュース（アナウンサー男性、女性） | 駅や列車内のアナウンス |
| テレビのドラマやバラエティ番組 | 商業施設などの案内放送 |
| あなた方の会話<br>（男性、女性、声の低い人・高い人、会話の速度） | あなた方の会話（周囲の騒音が小さい、大きい）<br>（男性、女性、声の低い人・高い人、会話の速度） |
| あなた方の会話 さまざまな距離で | |
| あなた方の会話 床や壁、天井の仕上の異なる部屋で | |
| テレビ、ラジオ、音楽再生機からの音楽<br>（さまざまなジャンル、男性、女性ボーカル） | |

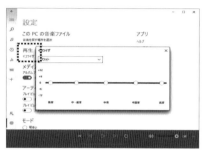

イコライザを開いたときの画面<sup>注1)</sup>

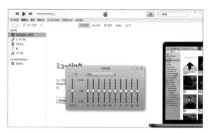

イコライザを開いたときの画面<sup>注2)</sup>

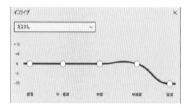

高齢化により、高音部の聴力低下が
起こり始めた感じを再現

高齢化により、高音部の聴力低下が
起こり始めた感じを再現

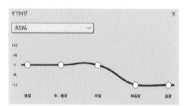

高齢化により、さらに高音部〜中高音部の
聴力低下が起こった感じを再現

高齢化により、さらに高音部〜中高音部の聴力低下が
起こった感じを再現

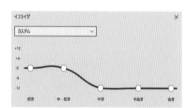

難聴などの理由で会話領域の中音域の
周波数帯にも聴力低下が起こった感じを再現

難聴などの理由で会話領域の中音域の周波数帯にも
聴力低下が起こった感じを再現

音性難聴などの理由で4kHzあたりの周波数帯に
聴力低下が起こった感じを再現

## 〈コラム〉
## 音楽再生アプリによる
## 周波数帯域ごとの
## コントロールを用いた実験方法

### 〈スマートフォンアプリ〉

●本来の機能は、音楽の種類によって音の周波数帯ごとに強弱をつけることにより、音楽を楽しむものです。無料アプリ提供サイトから「音楽再生」もしくは「トーンコントロール」などで検索します。

●下図は、音楽再生スマートフォンアプリの例ですが、周波数帯域ごとにコントロールする（トーンコントロール）の画面に切り替えて、入っている音楽を再生しながら、さまざまな周波数帯を高くしたり低下したりできます。

### 実験方法順

①…録音した音や音楽を、スマートフォンの所定の音楽フォルダー（musicなどという名前が多い）に入れて再生ができるようにする。

②…それらの音を普通に聞いてみる。

③…p.112やp.116の高齢者や難聴者のオージオグラムの結果を参考に、該当する周波数帯域の音を下げて再生してみる。

④…高齢者や難聴者、さまざまなパタンについて試す。

⑤…実験する十分な時間がないときは、高齢者パタンとして、1,000Hzあたりから徐々に低下させ、4,000 ～ 8,000Hzあたりでもっとも下まで低下させるパタン一つを試行する。

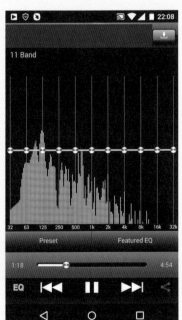

Preset　　　Featured EQ

コントロールできる帯域区分11バンド（周波数Hz）
32, 63, 125, 250, 500, 1,000, 2,000
4,000, 8,000, 16,000, 32,000

（Onkyo HF Player）

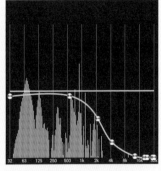

8,000Hz以上をほぼカット　　　1,000Hz以上から次第に減衰する

**一般的な音楽再生アプリのトーンコントロール**（周波数帯ごとの調整）
機能を使用して高齢者や難聴者の聞こえのシミュレーションができる

注）こうしたコントロール機能を使って、周波数帯ごとに調節できる範囲は、大きいものでも+20 ～ -20dB程度である。しかし、聴覚にさほど低下がない人が聞けば、それだけの範囲でも聴感上は大きく差がわかるので、体験ツールとしては十分である。

# 解説
## 音の種類と聞きやすさと 聞きとりにくさ

身近にある音に加工を加えるとことで、さまざまな気づきがある。
バリアフリーな音環境づくりに役立てたい。

〈駅のアナウンス、電車内のアナウンスなど〉

　最近の都市部の鉄道駅では高齢者を考慮して、駅のアナウンスは明瞭度を増すために低音域をカットし、会話閾に近い1,000Hzから4,000Hzあたりを少し増幅するくふうがされている。聞き取りにくかったアナウンスを録音したら、このイコライザ機能を利用して、中高音域を少し大きくしてみると、明瞭度が増すことがわかる。

　ただし、過度に設定すると「キンキンする」「うるさい」「耳障り」といったクレームにつながる。これは若年者よりも高齢者が、よりこうした不快を感じることが多いようである。これまで本書では触れていないが、人は大きすぎる音に晒されると、それを音情報として低減、もしくはカットして自分にとって必要な音だけをより分ける。高齢者はこうした機能も低下するので、うるさい音はそのまま入って認識されるので、不快感がより強く出てしまう。

〈人の話す声（場所による差）〉

　静かなところと雑踏の中とで、同じ会話や話し声でも聞き取りやすさは異なると思う。高齢者の聞こえ方をシミュレーションすると、静かなところでは聞こえていた会話が雑踏の中ではきわめて聞き知りにくくなることがわかる。

〈人の話す声（話す早さ）〉

　早いほうが聞き取りにくいことは容易に想像できる。話すことが早い人は語句と語句の間をあまりあけていないことが、聞き取りにくさの原因になっている。ボイスレコーダーには、再生速度を遅くして聞くことができる機能があるが、遅くしても同様に聞き取りにくいことが多い。音声合成による駅ホーム上の案内放送では、こうしたことを意識して、語句の間を意図的にあけていると考えられる。「人間らしい」声にはならないのであるが、音声で内容を伝えることを目的とした場合、妥当な選択と考える。なおこのような場合も、中高音域を上げてみればいくぶん聞きやすくはなる。

〈音楽〉

　オーケストラを構成する古典的な楽器では、最高の音域も4,000Hz程度までである[注]。しかし、電気（電子）楽器を使った現代音楽、いわゆる広義のポップス系では、ＣＤを聞くと人の可聴範囲である20,000Hzまでと大きく収録されているものもある。古典的な楽器で構成されている広義のクラシック音楽は、高齢者のように8,000Hz以上が聞こえなくなっていても、若いときに聞いていた印象とさほど大きく変わらない。しかしポップス系では高音域が大きく出ているにもかかわらず、その部分が聞こえなくなることで異なった印象をもつと同時に物足りない、つまらなくなったという印象をもち、次第に音楽視聴をしなくなる傾向があるように思う。

注）実際には「倍音」といって、わずかではあるもののこれ以上の周波数の音が出ている。これが、楽器やホールによる違いなど、深く音楽を味わう要素にもなっている。

日本大学理工学部まちづくり工学科は、2013年に新設された学科です。

まちを総合的にプロデュースする力を身につけることを目的に、従来の土木、建築、

福祉といった枠にとらわれず、景観、観光、環境、防災、福祉、健康、

地域コミュニティといった人間生活を豊かに安全に暮らすために必要な思想、

そして技術に関するカリキュラムによって構成されています。

まちづくり工学科では開設当初から「福祉環境実験」を2年次生に対する必修科目として、

人間特性と広義のまちのデザインを学び、体験し、それを数値化して技術へ

応用するための基礎科目として設置しました。

◉

本書は試行錯誤を続けながら作成した教材が、彰国社の鈴木洋美氏の目にとまり、

ワークブックとしてまとめ直したものです。鈴木氏のアドバイスにより、本書は土木、建築、

まちづくりといった建設系だけでなく、医療・看護系、福祉系の大学、短大、高専、

専修学校等、幅広い分野の教育課程で利用されることを念頭に置き、

執筆においてはそれら幅広い人々の基礎教育科目の教科書、参考書としての利用を意識しました。

◉

そのため、利用者や読者にとって解説が詳しくむずかしすぎる、あるいは簡単すぎるといった

場面もあるかもしれません。授業などで利用する場面では、

これに学科の専門性を加味して内容を省略したり、その反対に、さらなる解説をつけ加えるなど、

筆者としては積極的な利用の仕方を期待しています。

◉

本書では、これを教科書、参考書とした場合を想定し、教員向けに

私たちが考えている「実験意義」「ねらい」を加筆しました。

この部分は、当初より学習者が読むことも視野に入れています。

本書で紹介した実験の意義を教員や学生などの実施者（読者）が理解することによって、

より充実した実験と学習が可能になると考えています。

八藤後　猛

［著者紹介］

# 八藤後 猛（やとうご・たけし）

博士（工学）、一級建築士

1956年　東京都北区 生まれ
1979年　日本大学理工学部建築学科卒業
1981年　日本大学大学院理工学研究科　博士前期課程建築学専攻修了
国立職業リハビリテーションセンター研究部研究員、障害者職業総合センター 適応環境担当研究員を経て、
現在、日本大学理工学部まちづくり工学科　教授

日本建築学会男女共同参画推進委員会委員、日本福祉のまちづくり学会会員（理事、関東甲信越支部長）、
日本人間工学会会員（評議員）、日本リハビリテーション工学協会会員SIG住まいづくり幹事、
こども環境学会会員

バリアフリー体験ワークブック

2020 年 9 月 10 日　第 1 版 発 行

| 著作権者との協定により検印省略 | 著　者 | 八　藤　後　　猛 |
| | 発行者 | 下　出　雅　徳 |
| | 発行所 | 株式会社 彰 国 社 |

自然科学書協会会員
工学書協会会員

Printed in Japan

©八藤後 猛　　　2020 年

ISBN978-4-395-32152-0 C3052

162-0067　東京都新宿区富久町8-21
電　話　03-3359-3231（大代表）
振 替 口 座　00160-2-173401

印刷：壮光舎印刷　製本：中尾製本

https://www.shokokusha.co.jp